AF297260

Alain de **PENENNRUN**

40 JOURS

DE GUERRE

DANS LES BALKANS

La Campagne Serbo-Bulgare en juillet 1913

3ᵉ ÉDITION

1914

LIBRAIRIE CHAPELOT

PARIS

40 JOURS

DE GUERRE

DANS LES BALKANS

Alain de PENENNRUN

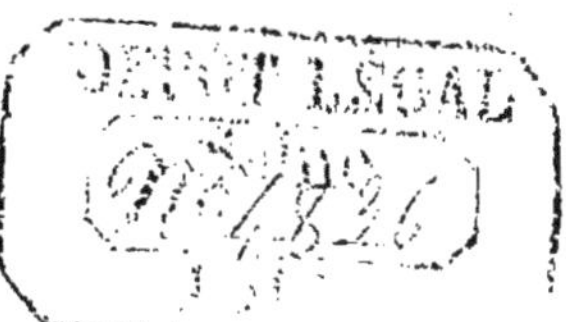

40 JOURS

DE GUERRE

DANS LES BALKANS

La Campagne Serbo-Bulgare en juillet 1913

3e Édition

PARIS

LIBRAIRIE CHAPELOT

MARC IMHAUS ET RENÉ CHAPELOT, ÉDITEURS

30, Rue Dauphine, VIe (Même Maison à NANCY)

1914

AVANT-PROPOS

Les circonstances m'ayant permis, pour la troisième fois, de suivre les opérations de guerre des armées balkaniques en Macédoine, il m'a semblé utile de réunir en un livre l'ensemble des nombreux renseignements parvenus en ma possession et de constituer de la sorte une ébauche historique de la guerre serbo-bulgare; cet historique à demi journal de voyage, à demi étude technique, est en tout cas, évidemment encore trop près des événements pour être dès maintenant absolument complet.

Je fis cette dernière guerre avec l'armée serbe, peu soucieux de me retrouver au milieu des Bulgares, dont l'hostilité latente, non seulement contre mon pays, mais même contre ma personne suspecte, paraît-il, d'une trop exacte impartialité, me faisait craindre l'impossibilité absolue de suivre les opérations si je me rendais auprès d'eux.

J'ai été, de plus, le seul témoin étranger (correspondant de guerre ou attaché militaire) à pouvoir pénétrer jusqu'au front de l'armée roumaine, que j'ai rejointe immédiatement après avoir quitté l'armée serbe; je me suis trouvé, par suite, le seul en situation d'être mis au courant de l'ensemble des opérations effectuées par elle, opé rations qui, pour n'avoir pas donné lieu à de sérieux combats, n'en sont pas moins remplies d'un intérêt considérable.

Enfin, ayant été également le seul à avoir suivi successivement les armées bulgares, turques, serbes, monténégrines et roumaines, ayant vu les quatre premières combattre et la cinquième, sinon sur des champs de bataille, du moins sur le pied de guerre et en période de campagne, il m'a semblé que j'étais à même d'établir une comparaison suffisamment exacte entre elles.

Cette comparaison peut évidemment être sujette à caution, car, entachée du degré commun d'erreur au jugement d'un seul, elle ne donne que mon appréciation propre et point d'autre. J'ai lieu de croire cependant que les opinions émises sur les armées de la péninsule ont quelques raisons d'être fondées, se trouvant appuyées sur la double consécration des choses vues par moi-même et des choses apprises par d'autres éminemment qualifiés pour bien les juger, comme les attachés militaires, par exemple.

Je n'ai point cru devoir observer, dans cette

modeste étude, un ordre quelconque, voire même une manière régulièrement ordonnée d'en présenter le récit. Ce sont mes notes de voyage, mes correspondances adressées à l'*Illustration* que je représentais, auxquelles j'ai joint quelques réflexions d'un caractère plus exclusivement technique sur les événements militaires ou politiques paraissant offrir une importance majeure.

J'ai divisé ce travail en huit chapitres, de fond et de forme essentiellement différents.

Le premier chapitre est consacré à l'étude de l'origine du conflit qui mit simultanément aux prises la Bulgarie avec la totalité des forces des autres nations balkaniques.

Le chapitre II et le chapitre III sont le recueil de mes premières notes de voyage relatant mon passage à Belgrade, puis à Uskub, et enfin mon arrivée au quartier général du prince Alexandre de Serbie.

Le chapitre IV se rapporte à l'étude exclusivement technique de la bataille de la *Bregalnitza*.

Le chapitre V, le chapitre VI et le chapitre VII sont constitués par la suite de mes correspondances. J'y raconte mes impressions pendant les combats d'*Egri-Palanka*, auxquels j'ai assisté, puis l'arrêt des opérations, les négociations de

Bucarest et, en dernier lieu, ma tournée rapide au milieu des troupes roumaines.

Le huitième chapitre, enfin, est un résumé des remarques personnelles que m'ont suggérées les opérations de la deuxième guerre balkanique, résumé auquel j'ai joint, ainsi que je l'ai dit plus haut, une comparaison très brève des quatre armées principales des Balkans et une étude rapide de la situation politique générale telle qu'elle paraît résulter du traité signé à Bucarest le 10 août 1913.

A. DE P.

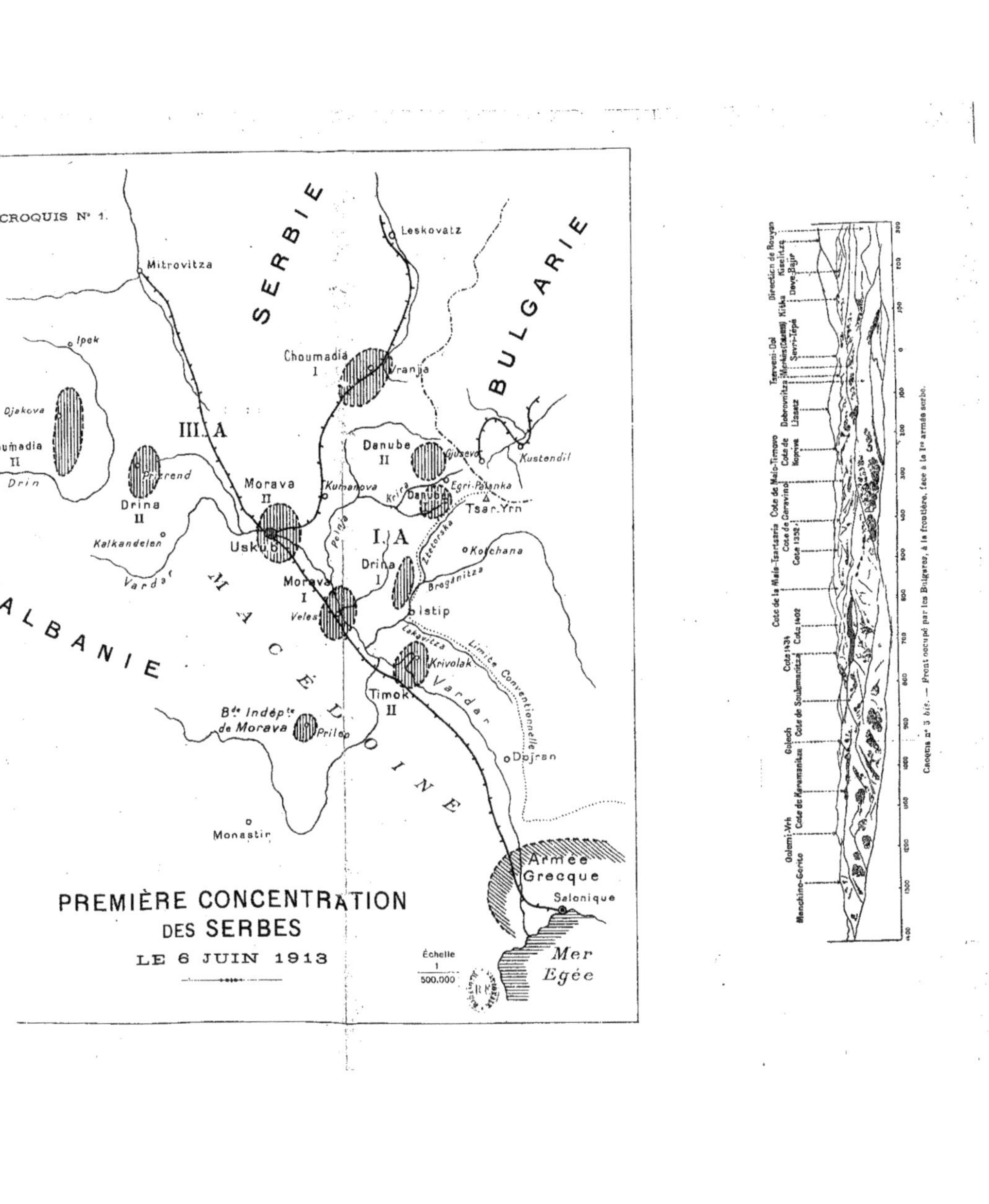

Croquis n° 3 bis. — Front occupé par les Bulgares, à la frontière, face à la 1re armée serbe.

Le prince royal ALEXANDRE DE SERBIE
commandant la 1re armée.

Quarante jours de guerre
dans les Balkans

CHAPITRE Ier

Le conflit serbo-bulgare

Origines du conflit. — Organisation générale de l'armée
serbe. — La concentration. — Ordre de bataille des
armées en campagne.

La paix de Londres n'était pas encore signée le
31 mai dernier, que déjà les premières lézardes,
les fissures, prodromes de l'écroulement final, ap-
paraissaient irrémédiables, définitives, dans cette
alliance disparate que l'on avait cru un moment
pouvoir appeler le « bloc » balkanique. Fondée
sur l'espérance du « moins », dissoute par l'abon-
dante réalisation du « plus », il était depuis longtemps évident que lors du partage du trop riche
butin fait sur les Turcs, personne n'arriverait à
s'entendre.

Il ne s'agit évidemment pas ici de trancher dans
le pour et le contre et de déclarer le bien-fondé

plus ou moins grand de la thèse serbe ou de la thèse bulgare, mais davantage d'expliquer comment, au dépit d'un traité en bonne et due forme où la clause même d'un arbitrage russe était prévue, les convoitises et les haines latentes ont transformé des peuples alliés et se disant frères par le sang, en irréconciliables ennemis.

Limiter les conquêtes de la Serbie à la ligne Tsar-Vhr, Uskub, Okhrida, lui interdire la possession de Monastir et jusqu'au moindre point de tangence avec le futur territoire hellène, ne pouvait satisfaire le gouvernement de Belgrade déjà assez odieusement lésé par l'inexplicable *veto* européen de reconnaître aux Serbes un port sur l'Adriatique.

Il paraît, en effet, puéril d'invoquer ici des raisons ethniques pour prétendre que Monastir, le moyen Vardar, Istip et Kotchana doivent appartenir aux Bulgares plutôt qu'aux Serbes, car, de fait, la raison ethnique n'existe que peu ou prou. Ce qui est la vérité en cet ordre d'idées, c'est que depuis dix à vingt ans la Bulgarie, par des procédés à elle connus, où le fer et le feu ont eu certes autant de part que la foi véritable, a converti la majeure partie des Macédoniens à l'exarchisme bulgare. Il en résulte que l'on pouvait aisément réclamer, à Sofia, Monastir comme cité relevant de la couronne du tsar Ferdinand, alors qu'il demeure évident au simple bon sens que dans l'avenir, après une période de tranquillité sous l'administration serbe, et surtout après la suppression d'un prosélytisme religieux dont les comitadjis apparaissent comme les trop redoutables confesseurs, les Macédoniens habitant Bitol (1), Perlepe et Veles feront d'aussi bons Serbes que l'on avait cru faire d'eux d'excellents Bulgares. Ce sont des Slaves macédoniens et ceci leur permet de suffisamment s'attacher et obéir à quiconque saura les commander et les administrer.

Resteraient seules les raisons ethniques qu'il faudrait sans aucun doute se rappeler qu'il existe aussi quelques Turcs de par la Macédoine et certes, la préférence des anciens maîtres de la province pour tel ou tel suzerain n'est point douteuse. Le fait que plus de trois mille Turcs volontaires ont servi de leur absolu plein gré dans les rangs serbes pendant la dernière guerre donne assez à penser où vont leurs sympathies.

---

(1) Nom serbe de *Monastir*.

Il ne semble donc pas que les motifs ethnologiques, somme toute très relatifs, doivent en toute justice fixer le statut macédonien. Ce qui est autrement évident, c'est l'absolue certitude qu'à la Serbie, étroitement enserrée par l'Autriche, son ennemie séculaire, il faut un débouché sur la mer. Ce débouché légitime était Durazzo et Alessio. Il a fallu la pression austro-italienne, où l'on ne sait si l'accord des deux habituels rivaux de l'Adriatique n'était point autre chose que la mutuelle crainte d'un avantage retiré par l'un, que l'autre n'aurait pas, pour que l'Europe, se conjurant, opposât un *non volumus* formel aux Serbes et leur interdise l'accès tant espéré d'un port en mer libre. C'est ainsi d'ailleurs que la conférence de Londres accoucha de l'Albanie, produit véritablement incestueux des rivalités et des haines des tripliciens co-partageants éventuels de son territoire encore incertainement délimité à l'heure actuelle.

L'Adriatique fermée à la Serbie, d'accès de l'Egée impossible, il fallait à tout le moins le contact direct avec les frontières hellènes et le débouché certain sur Salonique grecque et non pas bulgare. C'est ainsi que, de ce contact, la Serbie se faisait véritablement une question de vie ou de mort, de même que la certitude que Salonique serait à la Grèce et point à une autre nation.

Ceci explique suffisamment les résistances serbes à l'exécution du traité conclu avec la Bulgarie sans qu'il soit besoin d'aller s'embarrasser de questions annexes pour savoir si, oui ou non, les Bulgares avaient exécuté à la lettre la convention militaire à laquelle ils étaient tenus, ou si les Serbes devaient emporter le prix de leur coopération au siège d'Andrinople et autres turlutaines pareilles, complètement en dehors du fond même de la question.

Des raisons analogues, plus profondes en somme, puisque renforcées de la question ethnique, cette fois-ci très nette, et du droit de premier occupant, incitaient les Grecs à maintenir leurs prétentions sur Salonique et la majeure partie du littoral de l'Egée.

La communauté des intérêts devant l'exigence bulgare, la nécessité de s'unir étroitement devant le redoutable adversaire qu'allait devenir l'ancien allié, causa l'immédiat rapprochement des deux gouvernements d'Athènes et de Belgrade. Avant la fin des négociations de Londres, dès le 15 mai, une convention militaire et un projet d'opérations en commun était dans l'air. Etudiée avec soin, vraisemblablement discutée en même temps qu'un arrangement politique concernant l'éventuelle délimitation des territoires macédoniens, cette convention était, à n'en pas douter, un fait accompli dans les premiers jours de juin.

Dès le 6 du même mois, le Grand Etat-Major serbe avait prescrit des dispositions préalables de concentration à l'est d'Uskub et fixé d'une manière permanente son siège en cette ville.

Il n'est peut-être pas inutile, avant d'exposer le récit général des opérations, de rappeler brièvement les principes fondamentaux d'organisation de l'armée serbe.

Répartie en cinq divisions du 1er ban, c'est-à-dire de l'armée active, correspondant chacune à une région déterminée de territoire, l'armée serbe du temps de paix se voit en temps de guerre, non seulement renforcée des nombreux réservistes qui viennent remplir les cadres des régiments actifs, mais instantanément doublée d'un nombre égal de divisions du 2e ban, c'est-à-dire de réserve, qui se constituent dans chaque région affectée au recrutement des divisions du 1er ban.

C'est ainsi que l'armée se subdivise en cinq divisions du 1er ban :

Morava comprenant les régiments d'infanterie 1, 2, 3, 16; *Drina*, 4, 5, 6, 17; *Danube*, 7, 8, 9, 18; *Choumadia*, 10, 11, 12, 19; *Timok*, 13, 14, 15, 20, et en cinq divisions du 2e ban, comprenant chacune seulement trois régiments d'infanterie qui ont un numérotage indentique à celui des régiments du 1er ban; les divisions du 2e ban portent également le même nom que les divisions actives. On a donc ainsi : *Morava* 2e ban, *Choumadia* 2e ban, etc.

Chaque division du 1er ban a, en principe, trois groupes d'artillerie de campagne de 75 $^m/_m$, modèle Schneider 1907 à tir rapide. La division du 2e ban n'a qu'un seul groupe, souvent renforcé il est vrai, soit d'un groupe supplémentaire de campagne, soit d'un groupe ancien modèle de Bange, soit d'un groupe de montagne, soit également d'artillerie lourde.

Chaque division du 1er et du 2e ban comprend un, deux ou trois escadrons de cavalerie divisionnaire, une escorte de gendarmes, un bataillon de pionniers, un détachement du train et les différents services : intendance, santé, parcs d'artillerie, convois administratifs, télégraphistes, etc.

Une division de cavalerie indépendante de quatre régiments de 700 sabres environ chacun et de deux batteries à cheval avait été également constituée sous le commandement du prince Arsène Karageorgewitch. Tout le détail de cette organisation est d'ailleurs depuis longtemps connu et je crois inutile d'y insister davantage. Certaines particularités méritent cependant d'être relevées : Tout d'abord, ici, comme en Bulgarie au début de la guerre contre la Turquie, une surabondance extraordinaire d'hommes permit non seulement d'assurer à *toutes les compagnies d'infanterie* un chiffre moyen (toujours dépassé au début de la campagne) de 300 hommes dans le rang, mais également de former un certain nombre d'autres unités au nombre de six et appelées régiments supplémentaires.

La division du Danube 2ᵉ ban reçut un de ces régiments, le 6°/S, et la division de Choumadia 2ᵉ ban également un autre, le 5°/S. Quant aux quatre restants, ils formèrent deux brigades indépendantes, la brigade indépendante de Morava composée du 1ᵉʳ/S et du 2°/S et la brigade indépendante de Javor composée du 3°/S et du 4ᵉ régiment du 2° ban qui n'était pas entré, comme normalement il aurait dû le faire, dans la composition de la division de Drina 2° ban. Il convient d'observer que tout cet ensemble organisé depuis le mois d'octobre 1912, en campagne depuis neuf mois, parfaitement entraîné, quoique manquant de cadres suffisants, n'offrait en rien l'inconvénient que peut présenter l'emploi prématuré d'unités hâtivement constituées lors d'une mobilisation et jetées dès la première heure au combat. Seul, je le répète et d'une façon très nette, l'encadrement des unités de deuxième ligne était pitoyable. La bonne volonté supplée quelquefois à bien des choses, mais réellement c'était très insuffisant. Il convient d'ailleurs de rappeler que le même mal existait chez les Bulgares, même à un degré pire, car ceux-ci bien plus encore que les Serbes et tout récemment, après la guerre de Turquie, venaient de créer une foule de formations hétérogènes : corps de volontaires, 14°, 15° divisions, etc., qui n'avaient évidemment d'organisé et d'organique que le nom, véritables bandes de comitadjis en mal de pillage ou de déroute.

Très sagement, les Serbes n'ont point commis la même erreur, se bornant à grossir les effectifs existants de leur jeune classe de l'année instruite pendant l'hiver et se gardant de toute création nouvelle.

Nonobstant ces précautions, il est à noter que la proportion des réservistes dans les unités serbes du 1ᵉʳ ban par rapport à celle des hommes de l'active est environ de 4 à 1. L'argument tant invoqué chez nous par les adversaires de la loi de trois ans en faveur des armées de réservistes pouvait paraître, en effet, avoir un sérieux fondement si l'on s'en tenait au superficiel examen des pour cent de réservistes des armées balkaniques. Il n'y a qu'une objection à faire, c'est que comparer le réserviste serbe ou bulgare au réserviste français, dont le mode d'existence est essentiellement différent, revient à comparer un Lapon et un Egyptien ou peu s'en faut et qu'il faut véritablement être de mauvaise volonté ou n'avoir jamais mis le pied hors des frontières pour songer à discuter pareille évidence.

Au moment où les premiers symptômes de tension avec la Bulgarie se produisirent, l'armée serbe venait de supporter avec une relative facilité deux campagnes assez dures : la première, celle de Kumanovo dont l'heureuse issue avait conduit les armées du roi Pierre jusqu'à Bitol et aux portes de l'Albanie, la deuxième qui fut la conquête proprement dite de l'Albanie et l'expédition de Scutari. Parfaitement aguerrie par de longs mois d'entraînement et de guerre, suffisamment reposée par les dernières semaines d'inactivité militaire, elle se présentait en magnifique condition au moment de la lutte.

Lorsque l'on apprit que les armées bulgares, quittant la Thrace, accouraient à marches forcées d'Andrinople et de Tchataldja vers la Macédoine et l'ancienne frontière, le commandement serbe se décida à prescrire un dispositif de concentration destiné à parer à toute éventualité, mais assez peu propre, à mon avis, à prendre une offensive déterminante dans une direction préméditée. En d'autres termes, il ne m'apparaît pas qu'à ce moment, chez les Serbes, il y eut une idée préconçue. L'intention était de « couvrir la conquête » et ce faisant de constituer un gros en arrière de la ligne Zletowska - Bregalnitza, prêt à une manœuvre que l'on ne savait encore comment orienter dans la direction de Radoviste ou dans celle Kustendil. L'arrivée de l'armée de Kovatchef sur la Bregalnitza acheva de fixer l'état-major du voïévode Poutnik et l'on songea alors à ce moment à se mettre en mesure de donner un coup vigoureux vers le sud-est, tout en se couvrant fortement à gauche vers Kustendil, où paraissait se rassembler une armée bulgare importante sous les ordres de Radko-Dimitrief en personne.

Quoi qu'il en soit des intentions ultérieures, les dispositions prises furent telles que l'on pratiqua une réunion des forces très sérieuse, très effective et apte à l'action dans la direction où le gros danger, par conséquent la masse principale ennemie, paraissait s'établir, c'est-à-dire au delà de la Bregalnitza.

La Iʳᵉ armée serbe, commandée par le prince royal Alexandre de Serbie, faisait serrer deux de ses divisions vers Egri-Palanka, le Danube 1ᵉʳ et 2ᵉ bans, face à l'armée ennemie de Kustendil; deux autres divisions s'établissaient en bordure le long de la ligne d'eau de la Bregalnitza, la Morava 1ᵉʳ ban vers Veles et la Drina 1ᵉʳ ban vers Istip; enfin, à l'extrême droite, la division du Timok 2ᵉ ban occupait la vallée du Vardar ayant un régiment à Djeygueli, en liaison avec la gauche hellène vers Dojran.

En arrière, c'est-à-dire à l'ouest de la 1re armée, se rassemblait la IIIe armée sous les ordres du général Bojan-Yankowitch, formée de trois divisions, la Choumadia 1er ban à Vranja, la Drina 2e ban à Prizrend, la Morava 2e ban à Uskub. Une deuxième armée, enfin, était formée le long de la frontière de la vieille Serbie, composée de la division du Timok 1er ban, retour d'Andrinople, de cinq régiments du 3e ban, de la brigade indépendante de Javor et des garnisons renforcées en artillerie lourde de Nich, Pirot et Zajetchar.

Pour être complet, il faut mentionner les emplacements de la division de Choumadia 2e ban et de la brigade indépendante de Morava qui avaient pour mission d'assurer la tranquillité vers le Sandjak et dans l'Albanie septentrionale, depuis Monastir jusqu'à Djakova.

Au même moment, les Grecs prirent des dispositions analogues, massant 8 divisions sur 10 en avant de Salonique, maintenant 2 divisions à la garde de l'Epire.

Cependant, sans paraître tenir compte du danger auquel ils allaient s'exposer, les Bulgares accouraient au prix des plus incroyables efforts; marchant sans discontinuer pendant trente jours depuis Tchataldja jusqu'à Stroumitza et jusqu'à la Bregalnitza, ils semblaient apporter dans leurs dispositions préalables une hâte inconsidérée; dans le même temps, ils précipitaient leurs demandes diplomatiques sur un thème impérieux et discourtois qui ne pouvait évidemment aboutir.

L'on peut se demander, en effet, à quelle étrange aberration ils se sont laissés aller à ce moment. Disposant d'une armée de campagne d'environ 350.000 hommes, ayant évidemment la certitude d'engager et de par leur propre volonté, puisqu'ils attaquèrent, une guerre contre les Serbes et les Grecs, au lieu d'obéir aux mêmes principes sages qui dictèrent leur concentration vis-à-vis des Turcs, ils dispersèrent follement la totalité de leurs forces sur un cordon long de 350 kilomètres allant de Vidin à Drama.

D'aucuns ont prétendu, et c'est en somme possible, que cette concentration fut une concentration à l'allemande, une répartition des différents groupements de forces, largement étendue et articulée, permettant d'assurer, à l'instar de ce dont on croit pouvoir prêter l'intention à l'Allemagne, dans cet ordre d'idées, une arrivée simultanée des unités sur un front considérable amenant *ipso facto* l'enveloppement. A dire vrai, j'ignore, comme, je pense, beaucoup d'autres avec moi, si telle peut être l'intention allemande, mais il est certain que si elle se traduit par une exécution dans le genre de celle des Bulgares, l'on peut affirmer qu'il ne tiendra qu'à nous dans la prochaine guerre d'en triompher aisément.

Cinq groupements principaux furent constitués en face des armées alliées. Ce furent, du nord au midi, les suivants :

La Ire armée toujours commandée par le général Koutintchef, mais dont aucune des anciennes unités ne subsistait plus. Elle était composée maintenant des 5e et 9e divisions et de la majeure partie d'une nouvelle division portant le n° 13. Le bureau des renseignements de l'état-major de la Ire armée serbe indiquait en gros pour cette armée une cinquantaine de bataillons et 120 pièces de canon. Elle se trouvait dan la région de Ferdinandovo, Belogradchik.

La Ve armée, sous les ordres du général Petrof, faisait face à Pirot et surveillait plus au sud le passage de Vlasina conduisant sur Vranja. Elle comprenait la Ire division, un régiment de la 13e et une division également nouvelle, la 14e, enfin la division de cavalerie. Cette armée devait avoir 56 bataillons et 120 canons.

La IIIe armée, massée autour de Kustendil, était commandée, au début tout au moins, par Radko-Dimitrief, puis, lorsque ce dernier devint généralissime, il fut remplacé par le général Tochef, l'ancien chef de la 1re division. Cette armée comprenait la 12e division, la 6e division et un corps de volontaires [?] (1) macédoniens dit « corps Guenef », du nom de son commandant. Eventuellement une 15e division, formée de jeunes recrues, devait venir renforcer cette armée, mais au début l'effectif présent ne dépassait pas 40 bataillons et 80 pièces.

La IVe armée, sous les ordres du ministre de la Guerre, l'ancien chef de l'ancienne IVe armée de Boulaïr, le général Kovatchef, venait de se grouper vers Radoviste d'une part, et Kotchana d'autre part, bordant de ses avant-postes la ligne de la Bregalnitza qui avait été reconnue de part et d'autre comme ligne de démarcation des deux

---

(1) Ces prétendus volontaires étaient pour la plupart enrôlés par la force, en particulier ceux de la division Guenef, appelée aussi milice de Macédoine-Andrinople, où servaient jusqu'à des Turcs.

Les recrues surnuméraires venant de recevoir leurs armes à Uskub.

Obusier serbe de 120 ™ pendant le combat du 21 juillet.

Le Grand Quartier général du voïévode à Uskub.

Colonne de recrues surnuméraires sur le grand pont du Vardar,
à Uskub.

partis (1). Cette armée comprenait la 4ᵉ division répartie en deux groupements distincts, la 7ᵉ division renforcée de 8 bataillons d'opoltchénié, la 8ᵉ division bientôt appuyée d'une brigade de la 3ᵉ division et de toute la 2ᵉ division rappelée de l'armée du général Ivanof à laquelle elles appartenaient primitivement. L'armée Kovatchef comprenait 120 bataillons et 230 bouches à feu, ceci toujours d'après les données du bureau des renseignements de l'état-major du prince Alexandre.

Enfin, la gauche de la ligne était tenue par l'armée du général Ivanof ou IIᵉ armée, qui comprenait la 2ᵉ division (qui en fut bientôt distraite), la 3ᵉ (dont on enleva également une brigade), la 11ᵉ (mais celle-ci encore étalée le long des côtes de la mer Egée) et une brigade de la 10ᵉ laissée pour le moment à Tchataldja, face aux Turcs, mais qui accourut bientôt et prit part aux combats contre l'armée hellène. Cette armée était également renforcée d'une brigade de volontaires, dite brigade de Serrès. Les forces à la disposition du général Ivanof ne dépassaient pas une quaran-

---

(1) A la suite d'un accord diplomatique intervenu au mois de juin.

taine de bataillons et une centaine de pièces de
canon, donnant ainsi la juste mesure de l'estime,
cependant par trop médiocre, où les Bulgares
semblaient tenir l'armée du roi Constantin.

Ainsi donc nulle part, à l'exception des IIIe et
IVe armées qui, à la rigueur, semblaient constituer une ébauche de groupement face aux principales armées serbes, nulle part un gros, une
masse, quelque chose de fort enfin, qui puisse
asséner un coup brutal et procurer le seul résultat qui compte, c'est-à-dire l'anéantissement de
l'adversaire.

En face, du côté serbe au contraire, une masse
relativement dense, suffisamment articulée et qui,
dès la première apparition des coureurs bulgares,
vint border tout d'une pièce la ligne d'eau qui
depuis le Retki-Bouki jusqu'au Vardar formait la
frontière entre deux armées que déjà la diplomatie désespérait d'empêcher de se battre.

La situation du côté serbe cependant n'était pas
sans une certaine gravité. Dans une suite de con-
sidérations ultérieures, j'examinerai la délicate
situation d'une armée qui, abandonnant pour
ainsi dire à ses propres forces le territoire de la
vieille Serbie, ayant une ligne de communica-

tion longeant à peine, à quelques kilomètres en arrière, la zone possible des combats des frontières, pouvait se trouver par ailleurs, en cas de revers, rejetée dans les montagnes du Sandjak ou de l'Albanie, disloquée, certainement réduite à néant par les difficultés d'une retraite où tout, population, terrain, manque de ravitaillement, eût contribué à en hâter la définitive destruction.

Il fallait à tout prix tenir là où l'on était, non seulement tenir, mais même attaquer avant que les Bulgares hors d'haleine, rendus, épuisés par leurs invraisemblables marches exécutées sans interruption à travers la Thrace et la Macédoine, se fussent mis en état d'attaquer à leur tour. Les dispositions prises furent alors les suivantes :

La Ire armée (1) renforcée des Monténégrins serra sur la gauche : elle avait les deux divisions du Danube en potence autour d'Egri-Palanka, face aux forces ennemies de Kustendil, la division de Morava 2e ban accrochée aux contreforts ro-

---

(1) En comparant la situation du 6 juin avec celle du 29 l'on constatera une suite de modifications dans l'ordre d bataille des Ire et IIIe armées serbes, modifications qui avaient été effectivement prescrites dans le courant du mois de juin et qui résultaient naturellement de la position respective des divisions.

cheux de Retki-Bouki, charnière véritable de la ligne, et occupant les pentes du Plavice-Planina avec son gros, la division de Choumadia 1er ban à Tserni-Vrh, tenant Drenek avec ses avant-postes. Les Monténégrins formaient réserve à hauteur de Strazin. Le quartier général du prince Alexandre se transporta enfin en arrière de la ligne des hauteurs de Gradiste, ligne organisée défensivement ainsi que Tserni-Vrh et qui, dans l'intention du commandement serbe, devait servir de ligne principale de résistance au cas où l'on se bornerait ici à la défensive.

Au sud, la IIIe armée prolongeait la Ire, elle avait la division de Drina 1er ban à Istip dans la région de Kliseli, la Morava 1er ban vers Karadjali et, formant alors le crochet le long de la Kriva-Lakavitza que suivait la ligne de démarcation établie entre Serbes et Bulgares, la division du Timok 2e ban sur les hauteurs de Orta-Bajir.

Un régiment du 3e ban était à Djevgueli en liaison avec les Grecs.

Le quartier général de la IIIe armée était à Kliseli.

Le grand quartier général du voïévode continuait à fonctionner à Uskub.

Un réduit, une position de défense ultime, avait été organisé à Strazin dans une situation défensive excellente. Mais l'on pouvait bien penser qu'une fois arrivée là, la situation demeurerait compromise à ce point que la défaite en serait devenue certaine. Au demeurant tout ceci n'était que les sages précautions d'un commandement prévoyant, mais les intentions des Serbes étaient loin d'être défensives. On prévoyait, on voulait même l'attaque et le dispositif des armées se couvrant à gauche, vers Kustendil, des forces ennemies les moins importantes et orienté face au groupement principal de la Bregalnitza, indiquait bien que c'était là que l'on voulait aller pour frapper au point décisif.

L'on peut aisément concevoir que telle n'était pas l'intention des états-majors bulgares. Obnubilés par leurs victoires contres les Turcs, auto-suggestionnés par le bluff inconsidéré auquel la presse européenne s'était étourdiment laissé prendre après la campagne de Thrace, ils ont assez facilement cru que de leurs anciens alliés il en irait comme avec les Ottomans. Leur gouvernement, sans même réfléchir à la nécessité de certaines dispositions militaires que commandait

la moindre sagesse, donna l'ordre d'aller à la conquête du territoire contesté. L'on partait pour
Monastir et non point pour détruire l'armée serbe.
Et qui sait?... il n'y aurait peut-être même pas
de guerre! on repousserait un peu de ci de là les
Grecs et les Serbes, on s'arrangerait ensuite en
disant qu'il y avait maldonne, et l'on resterait
dans les provinces ainsi occupées grâce à quelques
coups de canon bien placés, sans avoir fait la
guerre, sans avoir combattu. Les Grecs n'étaient-
ils pas des mécréants et les Serbes ne devaient-ils
pas céder à la pression politique, jugée toute-puissante, de Pétersbourg?

Ainsi s'étaient acheminés par les tortueux détours d'une diplomatie byzantine et d'une inconcevable mauvaise foi le gouvernement du tzar
Ferdinand et la Bulgarie tout entière sur la voie
de la défaite et du désastre.

CHAPITRE II

Uskub

Belgrade ville de deuil et d'espérance. — Sur le chemin de la guerre. — Le grand quartier général du voïévode. — Les premières rumeurs de la bataille.

Belgrade, 6 juillet.

« Tout le conflit se résume en un mot : *A qui Monastir ?* » nous dit M. Descos, notre distingué ministre en Serbie, lorsque, nous recevant très aimablement à la maison de France, il voulut bien nous donner, à Réginald Kann et à moi, un exposé rapide des éléments essentiels du problème macédonien. Forts de son appui et de ses recommandations auprès du gouvernement de Belgrade, nous le quittâmes après une longue visite afin de mener à bien notre tâche et de partir le plus rapidement possible pour le front.

Cette impression est d'ailleurs générale, car tous ceux que nous avons pu questionner au cours de nos visites successives dans les divers ministères s'écrièrent : « Comment laisser les Bul-
« gares à Monastir? Comment leur permettre de

« s'établir entre nous et les Grecs, sans que nous
« ayons le moindre point de contact avec ceux-ci.
« C'est la fin de notre pays qui n'aura tant lutté
« que pour se voir définitivement encerclé entre
« l'Autriche, notre mortelle ennemie, et cette na-
« tion fourbe et rusée dont l'inique agression de
« lundi dernier donne assez bien la mesure de la
« confiance que nous aurions pu fonder sur elle. »

Pour la Serbie, c'était effectivement une question de vie ou de mort et l'on sent bien ici que
l'impossible solution d'un arbitrage russe ne pouvait satisfaire personne. Aussi pas plus que M. Danef, M. Pachitch n'avait le désir de se rendre à
Pétersbourg.

On s'est donc résigné à la guerre... on s'y est
préparé et voici que, soudain, brutalement, violemment, elle éclate... L'impression générale qui
se dégage ici, c'est une sorte de stupeur douloureuse, mais non point d'abattement. On sent
l'extrême gravité de la partie engagée, l'on est
cependant fermement résolu à la jouer, car autant
perdre définitivement l'indépendance que de laisser le pays étouffer, étroitement enserré dans d'injustes frontières.

Et cependant, dès le premier jour, l'énormité

des pertes, le coût sanglant des batailles qui se livrent là-bas, viennent de donner à tous l'exacte notion du prix des sacrifices imposés. De longues théories de blessés remontent lentement de la gare sise en bas, près des berges de la Save; on les porte sur des brancards jusqu'aux hôpitaux de la ville haute qui déjà sont bondés. Quelques cris étouffés, quelques gémissements marquent leur passage sous nos fenêtres et tandis que je me penche pour mesurer de l'œil l'infini défilé dont les méandres se perdent à travers la cité, tout à l'encontre, un autre cortège croise le premier et le dépasse, tandis que s'élèvent les accords désolés d'une musique jouant un hymne funèbre. Paix soit accordée aux braves qui succombent pour défendre la Patrie... Tous se découvrent devant le char qui porte les dépouilles glorieuses, pendant que la colonne de blessés, arrêtée un moment par la foule, reprend lentement sa marche, cortège de la souffrance croisant le cortège de la mort.

Ces deux mots qui reviennent ici sous ma plume sont à eux seuls l'unique évocation de ce que représente, à première vue, la guerre... Voici bientôt neuf mois que presque sans interruption, dans tous les pays des Balkans, je vis cette existence de luttes et de batailles qui est celle de ces peuples et toujours l'immédiate manifestation, l'effet direct traduit sur la nature des hommes qui la mènent est celui de la souffrance compagne et amie de la mort qui la suit.

La guerre, si l'on s'en tient à ces deux termes, serait donc détestable puisque tout à l'heure, en bas, derrière le cercueil qui partait pour la dernière demeure, c'était bien elle qui faisait pleurer une jeune femme enveloppée de longs voiles de deuil et gémir deux pauvres enfants orphelins... Cependant, les yeux graves des gens que l'on rencontre ici ne montrent point cela, ils ont une flamme au cœur qui suffit à faire comprendre que mort et souffrance demeurent l'inévitable rançon d'un bien qu'ils estiment plus grand que le mal. Ce bien c'est la vie de leur pays, de la Patrie libre ou asservie. Tout cela s'échafaude sur toutes ces morts et sur toutes ces souffrances.

L'espérance d'un Au-delà réel, accessible demain soutient leur effort et tous marchent au glorieux sacrifice pour que leur terre soit grande, leur peuple fort et victorieux.

En déambulant dans les rues, on ne rencontre

plus d'hommes jeunes, seulement des vieillards et des enfants. Des troupes du 3e ban occupent les casernements et leur costume campagnard de bure soutachée de tresses noires donne, dans son uniforme simplicité, l'image exacte de ce peuple qui travaille et souffre, austère, endeuillé par la guerre, mais qui croit, qui a la foi et qui veut triompher.

Partout le plus sympathique accueil nous est réservé. L'on aime la France ici et l'on tient à nous le prouver. Par contre, il me semble que l'on prise moins l'amitié russe. « Depuis si long-
« temps le grand empire slave nous leurre de
« promesses et d'espérances toujours déçues, me
« dit-on, que désormais nous ne pouvons plus
« guère fonder le moindre espoir en son inter-
« vention... Il nous tient, pense-t-il, par le danger
« toujours menaçant du voisinage de l'Autriche
« et sachant que s'il nous abandonne, nos enne-
« mis d'au delà du Danube s'empresseront d'exer-
« cer sur nous la pression la plus lourde, la plus
« opprimante, il croit pouvoir nous négliger,
« nous tenir constamment en laisse, comme l'es-
« clave fidèle dont on escompte la constante sou-
« mission. Toutes les faveurs des Russes vont aux

« Bulgares et c'est encore nous qui, dans le pré-
« sent litige, aurions joué le rôle de sacrifiés.
« Nous ne pouvons cependant aller plus loin dans
« une pareille voie. Nous avons cédé dans la ques-
« tion albanaise, nous ne pouvons le faire dans
« celle de Macédoine. La Russie s'est trompée en
« croyant à notre constante obéissance. Nous ne
« pouvons nous condamner à mourir à la vie
« des nations parce qu'à Péterhof ou à Tsarkoïé-
« Selo l'on en a décidé ainsi. » Et l'on continue
en louant tout au contraire l'attitude française
« toujours orientée vers le bien et le vrai », sympathique aux Serbes et à la légitimité de leur
cause, seul réel soutien de ce pays.

En quelques heures, les différentes formalités
nécessaires pour m'accréditer comme correspondant de l'*Illustration* sont terminées. Au ministère
de la Guerre, l'on m'exprime sans détour la satisfaction de voir des officiers français venir étudier
l'armée serbe. Quelqu'un me montrant mon livre
sur les Bulgares et me rappelant les critiques que
j'y formulai, me dit en plaisantant: « A notre tour
« maintenant! ». Après force promesses de se revoir, je quitte les bureaux et les aimables officiers

de l'état-major qui me souhaitent affectueusement un bon voyage et un retour heureux.

Uskub (Skopljé), 7 juillet.

Voici la troisième fois depuis moins de neuf mois, que je remonte la vallée de la Morava, traversant la Serbie du nord au midi, et jamais je n'ai peut-être ressenti autant d'émotion, vu autant de choses nouvelles que pendant ce dernier parcours. Partout ce ne sont que femmes et enfants revêtus de fichus et d'étoffes multicolores dont les teintes éclatantes rappellent une Espagne différente et lointaine. Ils sont là tous et toutes serrés sur le quai de toutes les gares, seuls, infiniment seuls, sans un père, sans un époux; ils attendent non point les convois qui, comme le nôtre, rapides, descendent portant des munitions et approvisionnements aux armées de Macédoine, mais ceux qui, péniblement, lourdement, comme gémissant eux aussi, ramènent vers les foyers de la vieille Serbie les malades et les blessés. Presque à chaque station, nous trouvons l'un de ces convois transportant chacun de 4 à 500 évacués.

Malgré l'habitude que je devrais avoir de ce trop habituel spectacle de misères et de douleurs,

je regarde cependant anxieusement, moi aussi.
Je n'ai jamais vu autant de blessés. C'est bien
une grande bataille qui se livre là-bas dans le sud,
des pertes pareilles ne sauraient être causées par
des engagements d'avant-garde. Et tout de suite,
je veux savoir quelle tournure a prise l'affaire, qui
triomphe, quel est le vainqueur. Si l'on paraît
péniblement affecté des pertes douloureuses que la
guerre impose, il ne semble guère, par contre,
que l'on ressente quelques craintes sur le résultat des combats qui se livrent. Ces gens-ci font
bonne contenance et la même impression récon-
fortante de gravité et d'assurance mélangées me
frappe à mon arrivée à Uskub où dès le premier
moment nous venons nous présenter au bureau de
la presse établi auprès du grand quartier général
du voïévode. Les premières nouvelles manquent
un peu de précision. Cependant un fait ressort
nettement, c'est que les hostilités engagées l'ont
été par une agression subite, d'une violence
inouïe, exécutée sauvagement par les Bulgares.
La bataille a commencé immédiatement, dès la
première heure des hostilités. Voici huit jours
que cela dure, huit jours que l'on se bat un peu
partout, et déjà plus de 40.000 hommes sont hors

de combat; or, c'est hier seulement que la rupture diplomatique a été signifiée à la Bulgarie par la Serbie. Avis donc à ceux qui chez nous ne croient point à l'attaque brusquée et à toutes ses consé-quences!

A dire vrai, chacun s'y attendait bien un peu et seule, la vieille Europe avec ses propositions d'arbitrage légèrement ridicules avait conservé peut-être quelque illusion de voir l'union demeurer entre les frères ennemis. Non! rien ne pouvait empêcher la guerre et l'on devait bien rire à Sofia, en parlant du départ de M. Danef pour Pétersbourg, alors qu'au même moment les bureaux de l'état-major général travaillaient à outrance et que les rouleaux polycopistes des machines à écrire « tiraient » l'ordre d'opération n° 21 du 30 juin, afin de l'envoyer aux diverses unités intéressées en temps voulu pour l'attaque que l'on préméditait ce jour-là.

Je reviendrai plus tard sur cet ordre (1) qui

---

(1) Cet ordre a été pris par les Serbes et adressé, dans la suite, aux diverses chancelleries d'Europe. C'est dans la sacoche d'un officier de réserve d'Etat-Major d'une des brigades de la 4e division bulgare, fait prisonnier, qu'il fut trouvé.

constitue la preuve écrite la plus accablante pour les Bulgares de leurs intentions hostiles et qui a mis la Grèce et la Serbie dans l'état de légitime défense et par conséquent de légitime riposte. Je ne m'étendrai pas non plus ici, l'ayant déjà fait plus haut, sur la thèse des deux partis belligérants, thèse très défendable en soi, des deux côtés, pour en arriver plus vite au côté pratique des opérations.

Ainsi que je l'ai dit précédemment aussi, par la force des choses, les situations initiales des deux partis déroutent toute conception logique de la stratégie, tout pronostic normal sur leur concentration réciproque. Au lieu de couvrir leur propre pays de l'invasion, ou de chercher à envahir le territoire ennemi au point central, qui est le plus délicat, de leur commune frontière, chacune des deux armées couvre sa conquête. Le centre de gravité de l'une et de l'autre est descendu vers le sud et il semble que ce n'est plus la Serbie que les Serbes défendent, mais la Macédoine, ce n'est plus le pays de *Nich* ou la vallée de la *Morava* que les Bulgares veulent envahir, mais celui de *Monastir* et la vallée du *Vardar!*

A n'en pas douter, les Serbes et les Grecs ame-

Карта ___ 1 : 210000

Кой ___ Краста 2 дриг. и дивизия

До кого ___ К-тъ на задругъ и приданыхъ

Отколъ ___ с. Балъ

№ ___ 21

191**3** ___ мѣсецъ ___ 16/VI ___ 8 часъ ___ минути ___ Сн. на

Получено ___ мѣсецъ ___ часъ ___ минути ___

1. Утрѣтъ воennыхъ отдѣленыхъ сръбитѣ Сръбитѣ и Гръцитѣ заповѣдатъ.

Сръбитѣ фронта на бригадата сръбитѣ заематъ линията по Злетовската рѣка.

Височината Кара-дагъ се заема отъ единъ сръбски пѣхотенъ полкъ, двѣ планински батареи и 4 картеч-ници.

2. Фронтътъ утрѣ, Н-то, ще настъпи въ 3 ч. пр. пл. и ще атакува противника.

Въ дѣсно отъ насъ ще дѣйствува К-тъ В.В. Парадни — Султанъ Македонскиято отдѣление, а въ лѣво К-тъ Студинъ и на Вонъ-7 г. Рилско-дивизия.

II. — Photographie de l'ordre n° 21 pris sur un officier bulgare.

nés par leurs conquêtes de la guerre turco-balka-
nique à maintenir leurs armées sur le *Vardar*,
étaient en quelque sorte contraints à cette disposition du début. Mais on ne peut guère expliquer
comment les armées bulgares de *Tchataldja* aient
été ramenées en majeure partie au sud des passes
d'*Egri-Palanka* et vers *Stroumitza*. Rien n'exigeait
pareille distribution de forces et puisque chez
les Bulgares l'on voulait frapper un grand coup
dès le début, réussir une surprise, ne valait-il pas
mieux pour eux orienter le gros des forces disponibles en Thrace sur la frontière de la vieille
Serbie et y rechercher le résultat décisif.

Au lieu de cela, jusqu'à présent, du côté de
Pirot et de *Zajetchar*, rien ou presque rien! Ce
rien, lui-même, me paraît encore une angoisse
une menace lourde d'imprévu, tellement je trouve
étonnant que le commandement bulgare se soit
à ce point hypnotisé sur la Macédoine et ait autant négligé ce qui devrait paraître à son bon sens,
le nœud véritable de la question.

J'insiste évidemment sur ce fait que l'armée
serbe présente le long de la frontière commune
des belligérants, et parallèlement à elle, une situation particulièrement délicate résultant de sa ligne

de communications (chemin de fer et route de la *Morava*) située à peu de distance. Une attaque sur *Nich* aurait assurément de graves conséquences pour elle. Les Bulgares ne paraissent pas se douter de l'avantage qui en résulterait pour eux. Mais nous vivons un temps de folie, une guerre de folie et d'y voir commettre des folies ne doit point nous surprendre....

Quoi qu'il en soit, l'avantage que les armées bulgares du sud pouvaient paraître retirer de leur attaque inopinée, vient d'être réduit à néant par l'énergique et vigoureuse résistance des Serbes et par la contre-offensive victorieuse que les armées alliées viennent de prendre sur tout le front.

Dans la soirée du 29, tout était calme, rien ne pouvait faire prévoir la brusque agression de la nuit. L'on a raconté même comment à *Istip*, les officiers serbes invités à dîner par les officiers bulgares s'y étaient rendus volontiers et que, reconduits par leurs trop aimables hôtes après le repas, sans défiance, ils ne s'étaient point aperçus que les Bulgares prenaient des mesures de distances intéressantes à connaître, et observaient l'exacte disposition de leurs avant-postes, que quelques heures plus tard ils devaient attaquer.

Dans la nuit du 29 au 30, à 1 heure et demie du matin, sur tout le front des avant-postes alliés, les colonnes bulgares se présentèrent en ordre profond, bousculèrent les grand'gardes, rejettèrent au loin les réserves d'avant-postes et se mirent en devoir d'attaquer les cantonnements du gros des divisions, heureusement situés assez en arrière pour que celles-ci, s'étant rassemblées, aient pris les armes et se fussent mises en mesure de résister, puis bientôt même de prendre l'offensive.

Le détail de ces attaques est encore mal connu. J'insiste auprès de l'état-major pour obtenir quelques renseignements supplémentaires, mais très réellement l'on ne paraît guère savoir encore, à l'heure actuelle, ce qui a pu se passer dans le détail. Nous verrons cela plus tard. Ce qui ressort évidemment de l'ensemble, c'est que, simultanément vainqueurs sur la *Bregalnitza* et à *Dojran*, les Serbes et les Grecs paraissent en mesure d'encercler et de refouler complètement les Bulgares audacieusement aventurés jusqu'à *Krivolak*. Ceux-ci vont se trouver pris entre la tenaille serbo-hellène s'ils ne battent en retraite, ce que d'ailleurs ils semblent faire.

Peu de nouvelles du nord!

Sur toute la frontière qui va de *Egri-Palanka* au *Danube*, il ne se passe rien, ou du moins peu de choses. Une attaque bulgare sur *Zajetchar*, une autre attaque sur le col de *Saint-Nicolas* dans la région de *Pirot*, attaques qui toutes deux ont été repoussées, et c'est tout! Cependant que fait cette aile droite des Bulgares? On la prétend vers *Kustendil* très concentrée, prête à déborder l'aile gauche victorieuse de l'armée serbe. La déborder? Mais comment? Seul le col d'*Egri-Palanka* permet l'exécution de ce mouvement et les deux divisions serbes du Danube, judicieusement postées, servent non seulement de flanc-garde pour le moment, mais vraisemblablement de future avant-garde dans la direction ultérieure de *Sofia* à l'armée du prince héritier.

Dans cette région montagneuse extrêmement découpée, où se déroulent les opérations, l'importance du terrain, des positions, devient relativement considérable. Depuis quelques jours, les Serbes auraient mis la main, nous dit-on, sur l'importante hauteur de *Kitka*, à la cote 1901, dans le massif de l'*Osogovo Planina* dont ils se sont brillamment emparés. De là, il paraît aisé d'arrêter toute offensive sur *Egri-Palanka* et, au contraire, de déboucher sur *Kustendil*.

La bataille, qui semble se terminer à l'avantage des alliés, en laisse présager une autre, celle-ci vraisemblablement plus au nord, sur la route de la capitale bulgare. J'ai le plus vif espoir d'y assister, car dès demain je vais pouvoir gagner le quartier général de S. A. R. le prince héritier et arriver sur le front.

Nous y verrons, je pense, de beaux combats, voire même peut-être de grandes batailles, car cette fois ce n'est plus une campagne un peu pour rire, comme celle de Thrace, où seul l'un des adversaires existait vraiment. Ici, les soldats qui combattent sont véritablement des « gens de guerre » et cela se voit à l'acharnement extraordinaire que de toutes parts ils déploient dans la lutte. Les pertes sont lourdes et cruelles. Près de 15.000 Serbes, 6 ou 7.000 Hellènes et environ 25.000 Bulgares ont été mis hors de combat.

Dans l'attaque de nuit seulement, où les Bulgares ont véritablement massacré les grand'gardes des Serbes, ceux-ci accusent 3.200 tués ou blessés. L'on sent bien d'ailleurs à l'allure de chacun toute la gravité, tout le poids de la lutte engagée. Ce sont deux grandes armées européennes qui se battent, également instruites, également braves, également mordantes.

Dans les combats que livrent les armées hellènes, le même acharnement se fait jour. Dans l'assaut des positions de *Dojran*, 5.000 soldats grecs sont tombés. Les Bulgares cependant paraissent donner des signes de lassitude et de fatigue. Ils n'ont plus le même élan qui jadis les jetait poitrine découverte contre les tranchées turques et, malgré leur naturelle bravoure, ils luttent à regret, menés par la faction macédonienne de Sofia, contre leurs frères par le sang, leurs alliés d'hier. Les Bulgares, eux aussi, connaissent maintenant le drapeau blanc et la honte de la reddition. Les 4° et 7° divisions de l'armée du général Kovatchef ont souffert extrêmement; elles ont, en particulier, laissé aux Serbes beaucoup de prisonniers. Cependant l'une est la division qui troua le centre turc à *Karaagatch*, l'autre est celle qui rejetta victorieusement Fakri-pacha sur *Boulaïr* au mois de février dernier. L'un des régiments de la 7° division, le 13°, a été pris et détruit presque en entier à *Kotchana*, son colonel et 1.400 soldats sont aujourd'hui prisonniers à Belgrade où ils voisinent avec les Turcs non encore rendus, curieux rapprochement dans la captivité, des anciens adversaires.

Non seulement la lutte est chaude entre des ennemis aussi ardents, mais certaines circonstances la rendent plus terrible encore. Les effets du feu, de l'infanterie particulièrement, sont terrifiants, les hommes des deux partis, en campagne et exercés depuis un an, tirant parfaitement, avec un sang-froid merveilleux. L'artillerie, me dit-on aussi, ne le cède en rien comme justesse à l'infanterie, ce qui, entre parenthèse, m'étonne. Mais elle a les plus grandes peines à manœuvrer dans ces terrains difficiles. Aussi les pertes de pièces ne sont-elles pas rares, témoin une batterie bulgare enlevée par la cavalerie du prince Arsène dans les fonds de la *Bregalnitza*, témoin aussi les quatre pièces serbes qu'il fallut abandonner près de *Krivolak*, mais dont, héroïquement, les servants se sacrifièrent pour avoir le temps de les rendre inutilisables, en enlevant les culasses; on les reprit d'ailleurs ensuite.

Oui, dès le début, cette guerre apparaît acharnée et sauvage. Les uns et les autres sont de rudes hommes et de les connaître comme je les connais me permet de dire que ce sont des adversaires qui se valent. Les Bulgares, cependant, se sont, à n'en pas douter, complètement aliéné nos sympathies, non seulement par leur façon contraire au droit des gens d'ouvrir brusquement les hostilités, mais aussi par leur soudaine volte-face dès la première difficulté, les jetant de la Triple-Entente, si chèrement écoutée jadis à Sofia, vers la Triplice et en particulier le Ballplatz constamment à l'affût des zizanies, hélas trop faciles, entre les peuples balkaniques.

C'est sans joie pourtant que l'on triomphe : car au fond, chacun ressent quelle déplorable erreur fut cette guerre et, si le gouvernement de Sofia en supporte le poids et même y succombe, l'on ne peut s'empêcher de songer à quel résultat plus profitable, plus immédiat, l'on fût arrivé par l'entente balkanique maintenue et l'accord définitif perpétré entre les quatre Etats de la péninsule demeurant aussi fermement unis dans la paix et la concorde que dans la guerre et les combats.

CHAPITRE III

Le Quartier général du prince Alexandre

Le quartier général du prince Alexandre. — Départ d'Uskub. — Gradiste. — Conversation avec le prince. — Visite à Drenok. — La vie au quartier général de la 1ʳᵉ armée. — Étape sur Tscrni-Vrh.

Gradiste, 9 juillet.

En hâte, ce matin, nous bouclons nos valises et, après l'habituelle et angoissante attente des chevaux qui n'arrivent pas à l'heure fixée, de nos hommes qu'il faut aller chercher et réveiller malgré le solennel serment fait par eux d'être prêts en temps voulu, nous nous acheminons enfin vers la gare d'*Uskub* pour procéder à l'embarquement de notre équipage et de nos montures.

Tout se passe avec une régularité parfaite; je m'adresse au commissaire militaire de la gare, qui, renseigné sur notre départ, m'indique la rampe où se trouve la rame des wagons chargés du transport des voitures et des attelages emmenés par notre convoi. On procède à leur embarquement. L'officier du service des chemins de fer qui le dirige nous indique la place où tout doit être disposé, place depuis longtemps déterminée. Tout est prévu, parfait, disposé avec ordre et précision. Il n'y a qu'une note à donner : c'est très bien. Si j'insiste sur ces détails, c'est que par eux-mêmes ils montrent assez l'élégante et rapide solution que reçoivent ici toutes les questions. Non seulement on sent une organisation de premier ordre, un fonctionnement exact et sans heurt de tous les rouages, mais, plus encore, partout se révèlent, à tous les échelons et à tous les degrés, des hommes d'initiative préoccupés d'une bonne exécution de leur service, ayant le souci de résoudre immédiatement tous les cas litigieux, au lieu de sortir dans les jambes du premier solliciteur venu le texte d'un règlement ou une impossibilité administrative quelconque, ainsi que cela se passe dans certains autres pays.

Un wagon de 1re, rattaché en queue du train, est réservé à notre transport jusqu'à la gare de *Kumanovo*.

Après deux heures de trajet, nous débarquons près du village désormais célèbre qui donna son nom à la suite acharnée de combats du 23 et du 24 octobre dernier. A la station, trois automobiles envoyées par les soins de l'état-major de l'armée du Prince royal nous enlèvent rapidement et, en moins d'une heure, par une route excellente aménagée avec soin par le génie serbe, nous déposent auprès des tentes où se trouve bivouaqué le quartier général de la Ire armée.

Les officiers de l'état-major avaient poussé l'amabilité jusqu'à retarder l'heure habituelle du repas pour nous permettre de le prendre en leur compagnie. Mais à peine avais-je mis le pied en dehors de l'auto qui nous transportait, Réginald Kann et moi, que je me trouvais serré vigoureusement dans les bras de deux officiers me saluant des plus vives exclamations de surprise : c'étaient mes deux anciens camarades de promotion d'Ecole de guerre, les capitaines Stoïanovitch et Marinkovitch, qui tous deux n'en revenaient pas de me voir au milieu d'eux.

L'impression première de cordialité n'en baissa pas, bien au contraire, d'autant que derrière eux je vis arriver notre très remarquable attaché militaire à Belgrade, le colonel Fournier, qu'une faveur spéciale du Roi a autorisé, seul avec l'attaché militaire anglais, le colonel Thomson, à suivre de près les opérations, en accompagnant l'ar-

mée du Prince royal. Une pareille mesure prise
vis-à-vis du représentant officiel de l'armée française prouve mieux que tout l'extrême sympathie et la profonde amitié qui, depuis le Roi, ancien soldat de la France, jusqu'au dernier de ses
sujets, animent le peuple serbe à notre égard.

Gradiste, 10 juillet.

Nous arrivons au quartier général de son Altesse royale le prince Alexandre, un peu comme
les carabiniers, c'est-à-dire après la bataille. Mais,
heureusement, nous ne désespérons pas d'en voir
une autre et celle-ci définitive, la grande bataille
de la guerre. Il faut patienter cependant quelques
jours et, en attendant que l'engagement général
ait lieu, nous consoler en allant cueillir sur les
champs des combats de la *Bregalnitza* les miettes
de l'histoire, les vues après coup du terrain des
dernières rencontres qui, jointes aux explications
très complètes qui nous seront données, nous per-
mettront d'en donner une narration aussi appro-
chée de la vérité que possible.

*D'ailleurs la situation même du moment est
d'un intérêt puissant : « Nous vivons les heures
« où une des grandes décisions de la campagne

« va être prise! » me dit le colonel Fournier et, en quelques phrases merveilleusement claires et d'une idéale simplicité, il me met au courant de la situation stratégique du moment.

Les deux armées serbes ont, après les dures journées de bataille sur la *Zletovska* et le cours inférieur de la *Bregalnitza*, dépassé toute cette ligne d'eau, poussant devant elles les débris de l'armée du général Kovatchef, en retraite en deux fractions, de part et d'autre du *Plascavice-Planina*, sur *Tsarevo-Selo* et sur *Radoviste.*

De même plus au sud, les armées hellènes, attaquant sur le front *Dojran*, *Demir-Hissar*, ont rejeté au nord de cette ligne les divisions plus ou moins bousculées du général Ivanof. *Kotchana*, *Radoviste* viennent d'être occupés par les Serbes. D'importants approvisionnements de farine, de riz, des boulangeries de campagne abandonnés par les Bulgares en ces points sont tombés entre leurs mains. Hier soir, une dépêche parvint à l'état-major : la division de cavalerie du prince Arsène venait d'entrer en contact vers *Radoviste*, avec les premiers coureurs de l'armée hellène. *Aujourd'hui cette liaison sera un fait accompli.*

Dans cette situation difficile, sentant la pesée

des deux armées victorieuses s'exercer à la façon
d'un étau qui allait se refermer sur eux, les généraux Kovatchef et Ivanof, avec une rapidité de décision rendue encore plus nécessaire par l'effroyable confusion où se trouvaient leurs troupes,
ont décidé d'évacuer aussi promptement que possible tout le terrain entre la *Bregalnitza* et la
Strouma.

Actuellement les armées bulgares du sud, sentant avec la défaite le poids de la faute initiale
de leur concentration trop ouverte, semblent
n'avoir plus qu'une idée, logique d'ailleurs, c'est
d'avouer en quelque sorte qu'il y a eu « maldonne », de s'en rendre compte et d'aller recom-
mencer plus au nord sur la route directe de Sofia
une résistance, peut-être même une contre-offensive, que les armées alliées auront à briser, lorsque, après avoir conversé vers la gauche, elles dé-
boucheront toutes forces réunies depuis *Egri-Palanka* jusqu'à *Djoumaïa.* dans la direction du
nord.

L'intérêt de cette conversion, de la décision
qu'il a fallu prendre pour en assurer l'exécution,
est, je le répète, le point critique et décisif de la

campagne. Ce sont ces heures-là que nous vivons... elles sont inoubliables.

Cependant, tandis que tous ces problèmes d'une si haute gravité s'agitent autour de nous, vers le pivot de gauche les Bulgares attaquent désespérément dans la direction d'*Egri-Palanka*. On leur résiste avec l'énergie que donnent la ténacité et l'inflexible volonté de tenir quand même, de « vouloir » la victoire.

A n'en pas douter, de ce côté, la partie est dure. Le général Dimitrief en personne s'y trouve, coordonnant les mouvements de deux armées buigares.

D'autre part les troupes du tsar Ferdinand ont également tenté ces jours derniers des attaques sur *Vlassina* et dans la direction de *Soudourlitza*, mais sans aucun succès. D'ailleurs la difficulté est extrême de pénétrer en Vieille-Serbie, car le terrain le long de la frontière est d'un parcours très pénible. Ce n'est pas impossible cependant et même, de mon humble avis, ainsi que je l'ai déjà fait ressortir, les Bulgares, au lieu de disperser follement leurs armées en un long cordon allant du *Danube* à la mer *Egée*, auraient sans nul doute eu raison davantage de se concentrer en masse face à la vieille frontière et de tenter d'y frapper le coup décisif. Il est vrai que les places de *Nich* et de *Pirot*, ainsi que celle de *Zajetchar*, rendaient cette opération malaisée et que seule une offensive dans la direction de *Vranja* aurait eu des chances de succès, attaquant un point vital des Serbes, leur ligne de communication sur *Belgrade*.

En face de *Zajetchar* se trouve l'extrême droite bulgare, l'armée du général Koutintchef ou Iʳᵉ armée. Elle vient de diriger aussi des attaques, assez inutiles d'ailleurs, sur les passes du nord.

Toutes ces tentatives des Bulgares dans cette région prouvent par leur inanité l'erreur qu'ils commirent au début de la guerre, erreur d'autant plus surprenante qu'ils ont d'eux-mêmes commencé les hostilités.

Tout en ne ménageant pas les éloges au haut commandement des armées du roi Pierre, en particulier à l'homme de décision que paraît être le voïévode Poutnik, je crois utile d'insister sur le caractère extrêmement élevé, l'admirable matière « homme » que constitue le soldat serbe.

A *Belgrade*, je rencontrai des recrues, de jeunes paysans aux épaules larges, au visage doux et

Копая...........
Гр. ....
До кого ....
Откъдъ ....
№ ....
191......... мъсецъ .... часъ .... минути ....
Получено мъсецъ .... часъ .... минути ....

4. Частьтъ отъ Авгигъ колони въ 3 ч. пр. на (утрѣ) да достигнатъ Зѣтѣвската рѣка, къмъ която да се приближаватъ безъ шумъ и унищожатъ прѣдниятъ постове на противника, слѣдъ което спиртиниешио меитѣтѣтъ ѝ ледъ дадениятъ абектиеъ. Противника пирвъ да а гуеле — нада.

5. Н. улиятъ на колониятъ да не ползуватъ широко рѣкошо сигуровъ. отрѣдъ и недержратъ нѝкша връзка както помѣжду си, така и съ слѣдующитъ колони.

6. Н. улиятъ на колониятъ да буе — маръ испрвли за окрошеше на Бѣше — тиниятъ фрашове.

7. Парнавъ [?] [illegible]
и лазарета при Синаково
8. Домакинството [?] при
с. Баня.
9. Разходнит[?] аррил[?] [illegible]
в Царево село.
10. Щабъ ще бъде при [illegible]
дружината № 8-й, оставам
в разпореждание ми.

К-ръ на бригада-
Полковникъ [signature]
П-къ на щаба
Майоръ [signature]

получено на 16-й 10 ч 30 м [illegible]

calme, mais que le rayonnement de grands yeux bleus remplis d'une flamme d'enthousiasme illuminait d'une vie intense, d'une foi vive, indiscutable signe du moral élevé qui règne chez eux... Une armée a toujours le sort qu'elle mérite et ce n'est point tel ou tel procédé tactique, telle méthode ou telle autre qu'il conviendrait d'étudier ici, mais plutôt la très réelle supériorité des facteurs moraux d'un pays sur un autre. Le soldat serbe consent à « se faire tuer », à souffrir...; le commandement serbe sait « vouloir » ...Sacrifice de l'exécutant, énergique volonté du chef : Eternelle vérité! Le secret de la victoire est là!

Cependant il pourrait paraître étrange que je semble renier de pareilles qualités, que l'automne passé, j'affirmais être également l'apanage de l'armée bulgare. C'est précisément parce que cette dernière n'est plus celle que j'ai connue pendant la campagne de Thrace, que son sort paraît se trouver en voie de subir d'aussi cruelles vicissitudes. J'en ai trouvé une excellente confirmation dans une conversation fort longue que j'ai eu le très grand honneur d'avoir avec son Altesse royale le prince Alexandre.

Le Prince ayant manifesté le désir de me voir,

je lui fus présenté par le colonel Fournier. Après
quelques phrases où je lui exprimais mon admiration pour les troupes magnifiques qu'il avait
sous son commandement, ainsi que mes félicitations pour la victoire de la *Bregalnitza*, le Prince
me posa quelques questions sur l'armée bulgare
et sur la façon dont je l'avais appréciée lors de
la campagne dernière contre les Turcs. Et comme
j'exprimais l'idée qu'à ce moment les soldats bulgares, le haut commandement que l'on pouvait
déjà à cette époque considérer comme synthétisé
dans la personne du général Dimitrief, étaient
évidemment deux éléments d'une force incompa
rable, le Prince m'interrompit :

« Je suis absolument de votre avis, dit-il, sur
« la très haute valeur morale de l'armée bulgare,
« pendant la campagne de Turquie. Mais je ne
« crois pas me tromper, en affirmant que les
« Bulgares d'aujourd'hui ne sont plus ceux d'il
« y a un an. L'enthousiasme surchauffé qui les a
« lancés en ouragan contre les Turcs, l'antique
« oppresseur, n'existe plus contre nous leurs alliés
« et leurs frères d'hier, qu'ils veulent spolier in-
« justement. Il arrive maintes fois que leurs pri-
« sonniers avouent ne prendre part qu'à contre-

« cœur à cette guerre injuste qu'ils ont eux-
« mêmes déchaînée. Leur flamme de belle énergie
« et de foi en la sainteté de l'ancienne cause est
« tombée et ce n'est pas la haine ni la désespé-
« rance de leur première défaite qui saura la ral-
« lumer. »

— « Cependant, Monseigneur, ne pensez-vous
« pas, dis-je alors, qu'au moment où les Bulgares
« se sentiront acculés par vos troupes marchant
« sur Sofia, comme un sanglier qui défend sa
« bauge, ils ne tentent un effort suprême, que
« leur vieille énergie native ne se réveille et que,
« somme toute, l'adversaire déjà tenace dont vous
« avez triomphé sur la *Bregalnitza* ne devienne
« plus tenace encore, quand il défendra le sol de
« la Vieille-Bulgarie ? »

— « Vous avez tout à fait raison, Monsieur,
« répondit le Prince, mais, nonobstant la valeur
« d'adversaires que j'estime très redoutables, sou-
« venez-vous que ces gens-là font une guerre ini-
« que, que, dans le fond, leur moral est vicié par
« la fourberie même de leur injuste agression
« vis-à-vis de nous, que de leur puissante et sau-
« vage énergie, de leur dureté à la souffrance et
« au mal, il ne leur reste plus que des vestiges et

« que, dans la balance morale où Bulgares et
« Serbes se mesurent actuellement, les uns
« croient à la victoire et les autres en désespè-
« rent. »

Gradiste, 11 juillet.

A 4 heures ce matin, nous abandonnons nos
tentes et, conduits par mon ami le capitaine
Mirko Marinkowitch, nous partons dans d'invraisemblables sapins venus d'*Uskub* à notre
intention et qui doivent nous véhiculer à proximité du terrain des différents combats livrés du
3o juin au 8 juillet sur la *Bregalnitza*. Nous nous
dirigeons tout d'abord sur *Drenek*, point capital
de la gauche serbe en avant du *Tserni-Vrh*. C'est
ce point qui, enlevé par les Bulgares à la suite
de leur brusque offensive de la nuit du 29 au 3o,
leur a été repris par la division d'aile droite de
la Ire armée serbe, la Choumadia 1er ban, dans
la journée du 1er juillet. C'est un rocher escarpé
précédé d'une succession de contreforts aux
pentes relativement raides qui en rendent l'accès
assez difficile pour l'assaillant. J'ai parcouru
le terrain des attaques, tout émaillé encore de
larges trous circulaires causés par l'explosion

des obus à la mélinite des batteries lourdes de 120 $^m/_m$ et aussi, hélas ! de nombreuses tombes, qu'indiquent çà et là de petites croix de bois blanc. Sur ces dernières sont inscrits le nom et le numéro du régiment du soldat, et je suis frappé de la persistance de tel ou tel numéro, toujours le même, prouvant l'énormité des sacrifices imposés et toujours généreusement consentis pour atteindre le but.

Du haut du *Drenek*, Marinkowitch nous explique non seulement le processus de l'attaque, mais aussi l'ensemble des opérations qui ont suivi cette action, à droite vers deux mamelons au relief nettement indiqué, qui portent les cotes 550 et 650, plus à droite encore, vers *Istip*, qu'on devine plutôt qu'on ne la voit, dans un vague lointain fait de brume et de lumière, en face de nous enfin, sur les pentes étagées de *Raïtchani*, qui séparent la *Zletovska* de la *Bregalnitza*, nous cachant la ville de *Kotchana*, profondément enfouie au revers des crêtes, dans un thalweg descendant vers le sud.

A notre gauche, un amas énorme de rochers découpés, dentelés bizarrement, déchire les nuées qui l'entourent, semblant menacer le ciel, très haut au-dessus de nous : c'est le *Retki-Bouki*, le pivot de gauche des Serbes, dont la masse imposante constituait en quelque sorte les gonds, l'axe de cette porte que l'armée du Prince royal devait tenir fermée devant l'assaut désespéré des Bulgares.

Toute cette zone se présente très nettement comme un terrain de très haute montagne, mais, contrairement à ce qu'à première vue l'on pourrait penser, elle est assez manœuvrable. Les croupes et les thalwegs, largement ondulés, permettent aisément le passage à peu près constant de l'artillerie de campagne, et, de fait, nous voyons partout, au milieu des moissons foulées par les combattants, de larges sillons où tout semble fauché, sillons parallèles le plus souvent et accouplés par quatre, indiquant le passage d'une batterie marchant en bataille à grande allure, avant de gagner la position de tir qui lui était assignée.

Sur le haut des crêtes de *Drenek*, nous trouvons en quantités énormes des étuis de cartouches et des chargeurs bulgares; un peu plus loin, un amas de douilles de pièces d'artillerie. Je n'exagère pas en estimant à environ 200 au mètre courant le nombre d'étuis trouvés sur la position des tirailleurs ennemis. L'on jugera par là de l'intensité du feu et des raisons qui, de concert avec l'énergie des deux adversaires, ont causé les énormes pertes que, dans cette bataille acharnée, l'un et l'autre ont subies.

Puis, tandis que nous restions perdus dans la contemplation de ce cirque étendu de montagnes et de vallées, où se sacrifièrent près de 3o.ooo hommes, mon ami prit la parole et, d'une voix un peu sourde, légèrement voilée par l'émotion que le souvenir de la lutte passée réveillait en lui, il commença le récit des journées sanglantes de cette bataille de Titans. Il parla longtemps..., il parlait encore lorsque le soleil, illuminant l'horizon d'une immense lueur de pourpre, descendit sur les montagnes embrumées de Macédoine au delà d'Istip et que, tous attentifs à ses paroles, nous écoutions angoissés, frémissant encore au récit de la lutte épique.

Il fallut cependant reprendre le chemin de *Gradiste*, et lorsque, au sommet des crêtes qui séparent le Tserni-Vrh du val de Gradiste, nous aperçûmes pour la dernière fois Drenek, c'est à peine si nos yeux pouvaient se détacher de ces collines à jamais célèbres, où la vaillance des Serbes au service du bon droit avait triomphé de la force brutale et aveugle de leurs injustes agresseurs.

A peine étions-nous sur les pentes que suit la piste qui, par Gorni-Stubla et par les crêtes de Gradiste, devait nous ramener au camp, qu'un orage formidable éclata au-dessus de nos têtes. La fréquence des éclairs et le bruit terrifiant de la foudre tombant à chaque moment autour de nous offraient à l'imagination une image sensible du fracas de la bataille à peine encore assoupi, que répétait aux cieux le feu du ciel, plus terrible encore dans ses éclats grandioses que l'autre, celui des hommes, qui cependant venait de faire ici tant de victimes.

Ce fut avec quelque peine que nous pûmes regagner le camp du quartier général, les rivières ayant subitement grossi sous le déluge qui s'abattait sur nous et la boue détrempée des chemins faisant à tout moment glisser nos médiocres attelages fourbus, épuisés.

Gradiste, 13 juillet.

Je m'attendais à partir hier, ainsi qu'une vague espérance nous en avait été donnée; mais, pour des raisons que je ne m'explique pas suffisamment, le quartier général du Prince ne doit pas encore faire mouvement, ni se rapprocher du front, comme nous l'espérions. Le désappointement commence à se faire jour en nous. Je pensais arriver précisément au moment où une manœuvre énergique, conséquence naturelle de la première victoire sur la *Bregalnitza*, allait s'effectuer et voici, tout au contraire, que tout semble s'arrêter, demeurer suspendu.

Le soir du 9 juillet, le télégramme parvenant au quartier général de la Ire armée serbe et annonçant qu'à l'ouest de Radoviste les reconnaissances d'officiers de la division de cavalerie du prince Karageorgewitch venaient d'entrer en contact avec les premiers coureurs de l'armée hellène, rendait ainsi pleinement manifeste la liaison, ou mieux l'action concordante des deux armées. Une atmosphère de victoire régnait à ce moment tout autour du prince héritier et de son état-major. C'est la veille de ce même jour que, venant d'Uskub, je rejoignais la Ire armée, et mon impression primitive avait été que tous n'en revenaient pas eux-mêmes d'avoir battu les Bulgares, dont on s'était, à tort ou à raison, fait une si terrible image. Le bluff si merveilleusement réussi par ces derniers avait porté ses fruits. Bien que relativement confiants en leurs propres forces, les Serbes n'en conservaient pas moins une pointe d'hésitation, de timidité dirais-je presque, dans l'estimation du résultat probable d'une lutte à engager avec les Bulgares. Aussi la satisfaction du premier succès obtenu est-elle intense. On se rengorge et, pendant tout le temps que l'on passe à se complaire dans une admiration naïve de ce que l'on a fait, l'on s'abstient d'agir, commettant ainsi la plus lourde faute qui se puisse concevoir, « l'inaction », ce qui, nécessairement, doit amener les Bulgares à se ressaisir.

Assez navré de ces réflexions pessimistes, j'erre de ci de là dans le camp du quartier général. La vie y est monotone et triste quand on ne se bat pas. Ce sont les éternels tableaux, les mêmes menues corvées, les mêmes estafettes, plantons, automobilistes qui s'offrent au regard, circulant autour de ce campement-ci, que, dans un autre pays, l'on voit autour des cantonnements d'un état-major important.

Le Prince habite une grande tente à double mât central, assez peu confortable d'ailleurs et, en tout cas, d'une simplicité biblique. Devant la porte, un cavalier de l'escadron de la garde est en faction, veillant à la sécurité du chef de la 1re armée. Les tentes des officiers entourent celle du prince, les nôtres auprès de celle des attachés militaires, très légèrement à l'écart et en dehors.

Sur un piton voisin fonctionne un appareil de T. S. F. de campagne, dont le mât mobile et l'antenne peuvent s'établir prêts à fonctionner en moins d'une heure.

Dans un coin à l'écart est installée, sous une tente-hangar d'avion, la popote de l'état-major, où tous nous prenons nos repas en commun, officiers, journalistes, hôtes de passage de toute sorte et de toute nature. Le Prince, avec une cordialité charmante, vient de temps à autre présider notre table, comme hier par exemple, jour de l'anniversaire du Roi, à l'occasion duquel nous lui avons adressé nos respectueuses félicitations.

Le camp est gardé par une compagnie d'infanterie, qui, de jour et de nuit, dispose quelques postes de sécurité sur les hauteurs avoisinantes et des sentinelles sur les différentes faces du camp. Un peloton de l'escadron de la Garde est chargé de la sûreté personnelle du Prince et il lui fournit son escorte pendant ses déplacements.

Ce soir enfin, un bon vent nous apporte une agréable nouvelle : nous levons le camp demain et nous nous portons sur les pentes de Tserni-Vrh. J'en augure que les mouvements nécessités par la conversion sont terminés et que vraisemblablement l'on va se mettre en mesure de prendre l'offensive vers Sofia.

C'est en devisant sur la plus ou moins grande possibilité d'un mouvement en avant que, demi-croyants demi-incrédules, nous nous préparons à effectuer l'étape de Gradiste à Tserni-Vrh. La chaleur est accablante, mais nous ne la sentons pas; nous marcherions même au milieu d'une fournaise, puisque nous allons marcher en avant.

CHAPITRE IV

Bataille de la Bregalnitza

Situation des armées en présence. — Etude du terrain des engagements. — Attaque brusquée du 29 juin. — Offensive des Serbes. — Combats de la Ire armée. — Combats de la IIIe armée.

Tserni-Vrh, 16 juillet.

Mon séjour entre *Gorni-Stubla* et *Tserni-Vrh*, à proximité du champ de bataille de la *Bregalnitza*, m'a permis de compléter par une suite d'informations assez serrées ce que j'avais déjà appris sur les combats qui, pendant huit jours, furent livrés sur les deux rives de cette rivière et sur celles de la *Zletowska*. Je puis donc dès maintenant en écrire une narration, aussi rapprochée qu'il est possible de le faire à l'heure actuelle, de la vérité.

A la fin du mois de juin, de part et d'autre de la Bregalnitza, les forces serbes et bulgares s'en rapprochèrent encore, allant jusqu'à placer les sentinelles des petits postes sur la rivière même, devenue une véritable frontière que chacun surveillait étroitement.

Si l'on s'arrête à l'examen des forces strictement en présence, l'on arrive à une égalité numérique presque parfaite : environ 160.000 hommes de part et d'autre, mais disposés de façon bien différente, ainsi que je l'ai déjà exposé.

Les divisions serbes du 1er ban présentaient un effectif moyen de 22 à 23.000 hommes; celles du 2e ban un effectif de 18 à 19.000 hommes. La division monténégrine enfin, composée de quatre brigades, ne dépassait pas 20.000 hommes.

En raison de la disposition en potence que la 1re armée affectait vers la gauche, de la mission stricte de couverture qui incombait aux deux divisions du Danube dans la région d'Egri-Palanka, de leur séparation complète pendant la bataille d'avec le corps principal des armées, l'on peut considérer que les quarante et quelques mille hommes qui les composaient n'y ont point pris part, livrant une autre bataille, peut-être plus dure et plus pénible d'ailleurs, que le centre et la droite. Cependant, leur coopération à l'action demeura entière; de nombreux détachements eurent même l'occasion de jouer un rôle dans la bataille principale et d'y exercer une intervention capitale. Il y eut là concordance absolue des efforts en vue du but commun.

Du côté bulgare au contraire, une masse sensiblement égale à celle des Serbes, mais scindée en deux armées n'ayant aucune liaison entre elles et ne pouvant en avoir, la dispersion certaine et inutile des efforts impossibles à coordonner entre les 40.000 hommes du général Tochef et les 120.000 du général Kovatchef, la séparation des effets, conséquence naturelle des dispositions prises, devaient rendre absolument vain l'essai de convergence des attaques, d'enveloppement en un mot, que la position des armées pouvait *a priori* permettre d'espérer. C'est qu'en effet ici, il y avait lieu de tenir un compte tout particulier du terrain.

S'enfonçant comme un angle aigu dans la gauche serbe, découpée, déchiquetée au delà de toute mesure, toute l'arête rocheuse qui porte le nom d'Osogovo-Planina, avec les sommets du Roujan de Tsar-Vrh et du Retki-Bouki atteignant et dépassant l'altitude de 2.000 mètres, compartimentait la région des futurs combats en deux zones, où, de l'une à l'autre du côté bulgare, en raison même de la dispersion initiale des troupes, il devenait impossible de passer. Prolongée vers l'est le long de la frontière par des crêtes infranchissables de Siva-Kobila, de Strhi-Vrh et du Tserna-Skala, il se trouvait donc que le chemin le plus court pour passer d'un front à un autre conduisait jusqu'à Djoumaja et rendait illusoire toute utilisation rapide de détachements prélevés sur une des armées pour appuyer la seconde. Seules quelques fractions très légères pouvaient s'aventurer sur l'Osogovo-Planina, mais, en raison même de leur légèreté, ne produire aucun effet appréciable.

Chez les Serbes, au contraire, un terrain beaucoup moins accidenté, quoique fort difficile encore, permettait, en arrière des positions initiales de concentration, de roquer d'une partie vers l'autre, de manœuvrer sur les lignes intérieures, si besoin en était, de grouper facilement, en un mot, à droite, à gauche ou au centre, une masse donnant, suivant le fameux principe, le moyen « d'être le plus fort sur un point donné à un moment donné ».

Ici donc apparaît clairement la faute générale commise par le commandement bulgare et sur laquelle je m'étendrai davantage ultérieurement.

Le prince ALEXANDRE rentrant dans la petite hutte de feuillage
qui lui sert de salle de travail.

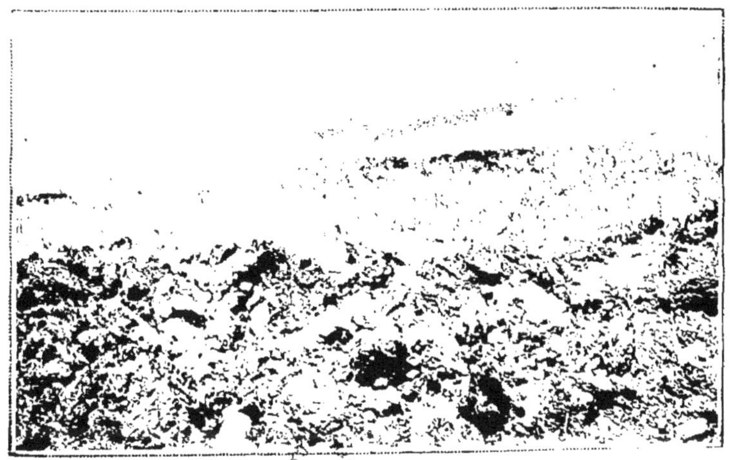

Dernières pentes conduisant à la position de Drenek parsemées
de trous d'obus à la mélinite de 120 ⁷⁵.

On lève le camp du Prince Royal à Gradiste.

Les équipages (!) des attachés militaires et des correspondants
de guerre sur la route de Gradiste à Tserni-Vrh.

je veux dire une dispersion exagérée des forces dans les deux zones de terrain qui, par la difficulté de communiquer de l'une à l'autre, rendait obligé un manque de concordance des efforts et, en cas de revers, plaçait les armées dans la pénible situation d'effectuer une retraite en deux directions absolument divergentes.

Il y a lieu de formuler également une autre observation, et celle-ci d'un ordre plus général, car elle a trait à l'ensemble même des opérations exécutées par les armées serbe et bulgare. C'est la première fois que l'on a un exemple sérieux et continu d'armées modernes faisant la guerre de masse, c'est-à-dire à gros effectifs, dans un pays de montagnes. Je dis bien de montagnes, car ici les sommets dépassant 2.000 mètres ne sont pas rares, et j'insiste également sur la première fois, car, d'après l'avis même de Reginald Kann, qui fit jadis la campagne de Mandchourie, il n'y a pas lieu de comparer en quoi que ce soit la difficulté de parcours des régions où combattaient les armées japonaises en 1904 et 1905 avec celle des terrains aujourd'hui traversés par les armées balkaniques.

Or, la première conséquence de cette difficulté

de manœuvre et surtout de mouvement est l'importance toute spéciale que prend, en particulier au moment du combat, la ligne de communication des armées. Nul moyen de la modifier et d'y apporter des variantes. L'on est donc en quelque sorte rivé à cette dernière, et ceci explique comment il s'est fait que les Bulgares se trouvèrent en si mauvaise situation lorsqu'ils se virent dans l'obligation de battre en retraite, soudés à deux lignes de communication divergentes.

Chez les Serbes, au contraire, la ligne de communication de la Ire armée par la vallée de la Kriva et de la Kratowska, celle de la IIIe armée par Veles se reliaient au même tronc commun, la voie ferrée de Nich à Salonique par Kumanovo et Uskub. Kumanovo à la Ire armée, Veles pour la IIIe servaient de gares d'origine d'étapes; sans heurt, sans difficulté aucune, les longs convois de chars à bœufs se déroulaient le long de pistes excellentes, améliorées ou aménagées avec un art véritable par le génie serbe et venaient ainsi ravitailler les troupes avec une extrême facilité.

Une mention particulière doit être faite ici de l'arme du génie, qui, avec une prodigieuse rapidité, a construit non seulement les excellents ouvrages à profil renforcé de Retki-Bouki, de Tserni-Vrh, de Gradiste et de Strazin, mais en même temps peut-être une centaine de kilomètres de pistes, qu'il fallut établir en arrière des positions organisées, dans des situations que le terrain et les nécessités tactiques, voire même stratégiques, rendaient particulièrement difficiles à surmonter.

Il ne faudrait pas cependant exagérer l'importance évidemment considérable qu'a prise le terrain pendant la bataille de la Bregalnitza et même pendant les autres engagements qui se livrent maintenant. Si, dans la région de Tsar-Vrh, Retki-Bouki, c'est une véritable guerre de chats sauvages qu'il faut faire, il paraît qu'autour d'Egri-Palanka et tout le long de la Dubrovnitza ce n'est plus que de la guerre de montagne, de vulgaire montagne même; enfin, face à la Zletowska et à la Bregalnitza, le terrain est difficile sans doute, avec des côtes assez marquées, des vallonnements encaissés, dans certaines régions, à Istip notamment, des marais, des fonds pénibles à franchir, mais il est presque partout manœuvrable. L'artillerie a pu passer à peu près dans toutes les zones d'attaque.

Quant aux rivières qui séparent les deux armées, la Zletowska, relativement encaissée, et la Bregalnitza, fort large, offraient toutes deux d'assez grosses difficultés de franchissement. Elles le furent cependant en une multitude de points, lorsque les Serbes, ayant rejeté leurs agresseurs, se portèrent résolument à l'attaque des positions bulgares.

Vers la fin de juin, face à face, échangeant tantôt des menaces, tantôt d'aimables propos, voire même des invitations à souper, les avant-postes des deux partis s'observaient, au fond également menaçants, également hostiles, également agressifs.

J'estime assez, en effet, que les Serbes étaient tout aussi susceptibles d'être les agresseurs que le sont devenus les Bulgares. Si M. Pachitch était parti pour Pétersbourg et, comme il est probable, s'il en était revenu les mains vides, c'est-à-dire sans Monastir, le parti militaire, l'armée et, par conséquent, le pays entier, puisque toute la population mâle était sous les armes, n'eût point sanctionné un pareil arbitrage et se fût résolument lancé à l'attaque des Bulgares. Le gouvernement de Belgrade le sentait si bien que M. Pachitch ne

partait pas, traînant le temps en longueur, hési-
tant, attendant un événement qu'il prévoyait
peut-être, mais qu'en toute réflexion il ne pouvait assurément escompter.

A Sofia, la conduite était autre. Là on savait
ce que l'on voulait faire. On commit une erreur
sur la manière d'exécuter la décision prise...,
mais cette décision était depuis quelques jours
absolue, définitive. Toutes les protestations du
monde ne serviraient évidemment à rien en
l'occurence. Tout d'abord l'ordre suivant, pris
sur un officier d'état-major, le prouve surabon-
damment et la très curieuse anecdote que je
raconterai plus loin en est une confirmation certaine, évidente même.

Traduction de l'ordre d'attaque des Bulgares

Carte 1/200000°.
Commandant de la 2ᵉ brigade.

4ᵉ Division
aux commandants de détachement et de l'intendance

Village de BANJA
N° 21

1913, 16/VI, 8 heures soir.

1° Demain commenceront les opérations de guerre contre
les Serbes et les Grecs.

Contre le front de la brigade, les Serbes tiennent la ligne de la rivière Zletovo.

La hauteur de Tserni-Vrh est occupée par un régiment serbe d'infanterie avec deux batteries de montagne et 4 mitrailleuses.

2° L'armée s'avancera demain 17, à 3 heures du matin (1), et attaquera l'ennemi.

A notre droite agira vers Karaldi-Sultan la milice de Macédoine-Andrinople et à gauche vers Skoubalj et plus au sud la 7ᵉ division (du Rilo).

3° A la brigade qui m'est confiée, il est ordonné d'attaquer et de prendre la cote 550 à l'ouest du village de Dobrevo.

Pour cela j'ordonne :

a) *Colonne de droite*

Colonel Kisslof, 8ᵉ régiment (Primorski) (3 bataillons), 3ᵉ groupe d'artillerie (3 batteries).

En tout : 3 bataillons, 3 batteries.

Doit s'avancer par Svilanova, Rudare-Tursko, Dreven, et après avoir pris la hauteur au nord du village Dreven, doit attaquer sur la cote 550 par le sud est.

b) *Colonne de gauche*

Colonel Markof, 31ᵉ régiment (Varna), 3 bataillons, 8 canons de montagne (1 batterie).

Doit s'avancer par Raitchani, Neokasi, Kalnichte et attaquer la cote 550 par le sud.

A ma disposition restera un bataillon du 8ᵉ régiment (Primorski) qui se dirigera derrière la colonne de droite.

4° Les détachements des deux colonnes doivent venir à trois heures du matin (demain) à la rivière Zletovo, de laquelle ils doivent s'approcher sans bruit et anéantir les avant-postes de l'adversaire. Après cela, ils s'avanceront énergiquement vers les points désignés. L'ennemi doit être surpris.

---

(1) Heure bulgare, c'est-à-dire une heure plus tard que l'heure serbe.

5° Les commandants de colonnes doivent utiliser en entier les détachements d'éclaireurs et entretenir une liaison étroite aussi bien entre eux qu'avec les autres colonnes voisines.

6° Les commandants des colonnes doivent prendre des mesures pour la sécurité des flancs extérieurs.

7° La colonne de munitions et l'hôpital de campagne à Svila-Nova.

8° Les trains d'approvisionnement au village de Banja.

9° Les dépôts mobiles d'artillerie à Tsarevo-Selo.

10° Le quartier général sera près du bataillon du 8ᵉ régiment qui est laissé à ma disposition.

Le commandant de la brigade,
Signé : ENTCHEF.

Le chef d'état-major,
    Signé : Commandant KOUYOUNDIEF.

Reçu le 16/VI à 10 heures 20 minutes du soir.

Ce qu'il y a de particulier, c'est qu'avec des ordres préparés aussi complètement dans le détail, ordres qui, certainement, avaient dû nécessiter une mise en route et un travail de longue main de la part de l'État-Major général et prouvant ainsi l'intention évidente de l'attaque, le gouvernement bulgare continuât à faire publier par des notes adressées à la presse l'annonce du prochain départ de M. Danef pour Saint-Pétersbourg.

Mais, le mieux, c'est que M. Tochef, ministre de Bulgarie à Belgrade, remit une protestation contre une prétendue agression serbe huit heures à peine après l'attaque de nuit du 29 au 30 juin. Les événements sont faciles à rétablir : l'attaque avait été décidée en principe pour la nuit du 28 au 29 par le gouvernement bulgare. Pendant que l'on égorgerait les Serbes à Istip, il y avait là magnifique matière à donner le change à l'Europe et au monde, en faisant une protestation solennelle auprès du gouvernement du roi Pierre contre une soi-disant agression de ses troupes attaquant l'innocente armée bulgare. Malheureusement, pour des raisons à lui connues, l'état-major du général Savof retarda l'attaque de vingt-quatre heures, mais négligea d'en informer M. Tochef, lequel se présenta, son papier à la main, au ministère des Affaires étrangères de Belgrade à une heure où, matériellement, il était impossible qu'il eût même connaissance des com- bats livrés sur la Bregalnitza.

Non! L'action fut préméditée, longuement préméditée même et exécutée avec une énergie, une brutalité, une férocité à nulle autre pareille. Mais, à dire vrai, cette attaque faisait autant le jeu des Serbes que celui des Bulgares; elle apportait la solution d'une situation qui, si elle se fût prolongée, aurait bien pu faire des agresseurs de ceux qui, tout au contraire, furent attaqués les premiers.

C'est donc ainsi qu'à 1 heure et demie du matin (1), sur tout le front, depuis les sources de la Zletowska, du Retki-Bouki, jusqu'à Istip et jusqu'à la Kriva-Lakavitza, dans la nuit du 29 au 30 juin, les colonnes bulgares en ordre profond, en masses, sans prendre même la peine de se déployer, disent les quelques rares officiers serbes échappés de la tuerie qui suivit, se ruèrent avec une violence inouïe sur les avant-postes des Ire et IIIe armées et se mirent à les massacrer.

L'état-major du voïévode estime à 3.200 hommes le chiffre des pertes subies par les deux armées serbes pendant cette seule attaque de nuit; presque toutes furent des pertes d'hommes tués à coups de baïonnette ou de fusil, même après qu'ils se fussent rendus.

Il ne s'agit pas ici de faire le procès des atrocités bulgares, sur lesquelles le doute n'est plus possible aujourd'hui, mais on peut se demander dans quelle intention ont été commis ces actes

---

(1) Heure serbe.

sauvages, *presque toujours ordonnés par les officiers* à leurs hommes, qui, malgré leur rudesse native, hésitaient à frapper d'autres slaves, hier encore combattant avec eux. D'après la presque unanimité des témoignages recueillis, cette intention se résumait en ceci : terrifier, annihiler sous le redoutable effet de ces assassinats le courage, la force morale, le cœur des Serbes, les faire reculer, user de ce recul pour occuper les territoires contestés et s'en tenir à ce succès en protestant qu'on ne voulait pas la guerre. C'était, sous sa forme immédiate et son exécution terriblement simpliste, la même idée que j'exprimais précédemment : on ne voulait que marcher à la conquête du butin convoité et on y marchait par la voie du massacre.

L'erreur était profonde d'en user ainsi avec ceux qu'un long voisinage autour d'Andrinople assiégée aurait dû mieux faire connaître aux Bulgares. Au lieu du troupeau qui, sans doute, allait s'enfuir plutôt que de tendre la gorge, résigné, au couteau du bourreau, on trouva des troupes aguerries, au lieu de victimes tremblantes, de courageux soldats.

Les sentinelles qui bordaient la rivière, les

petits postes situés vers les premières fermes au bas des pentes, les grand'gardes à quelques centaines de mètres en arrière, tout fut balayé, éventré, disloqué. Plus rien n'en subsista. Cependant, malgré l'élan de la poussée en avant, ceci avait pris du temps : l'artillerie qui devait appuyer les colonnes passait difficilement sur la rive droite de la Bregalnitza, les pentes qui montaient aux positions élevées où se trouvaient établies les réserves d'avant-postes désormais alertées étaient raides et battues par un feu précis et meurtrier d'infanterie. Néanmoins, les ordres étaient tellement impératifs de marcher coûte que coûte sur la position ennemie, la surprise et le désarroi étaient si considérables chez les Serbes que le courage et la ténacité proverbiales des Bulgares aidant, la ligne de résistance occupée par les débris des avant-postes qui avaient reflué sur leurs réserves fut enlevée, péniblement peut-être, mais définitivement avant midi, le 3o juin.

La situation était à ce moment la suivante : franchissant la Zletowska et la Bregalnitza, l'attaque bulgare avait occupé toute la ligne des premiers contreforts qui s'appuient à la chaîne principale des hauteurs de Tserni-Vrh et de Gradiste.

Elle tenait les points suivants : le massif rocheux de Drenek, les cotes 550 et 650, les hauteurs de Sousevo, à l'ouest d'Istip. Mais on était épuisé, essoufflé, accablé par une chaleur torride et le manque complet d'eau sur ces sommets dénudés; l'artillerie n'arrivait pas à monter jusqu'aux positions acquises, il devenait nécessaire de s'arrêter, de respirer un peu. Il aurait fallu même songer à se retrancher et à se couvrir par des travaux importants. Mais, au moment même où la chaîne de tirailleurs bulgares, étroitement serrée au coude à coude, pensait pouvoir reprendre haleine avant que de repartir en avant, des masses considérables d'infanterie ennemie apparurent sur tous les sommets de l'Ovcepolje, descendant vers la rivière. C'étaient des divisions serbes qui, alertées dans leur bivouac le matin à la première heure, ayant pris à loisir leurs dispositions de combat en arrière des crêtes, débouchaient à leur tour et, au lieu de fuir, se portaient résolument à l'attaque de l'armée bulgare.

Elles se présentaient au combat de la manière suivante :

A gauche, la Ire armée était scindée en deux parties : les divisions du Danube 1er et 2e bans

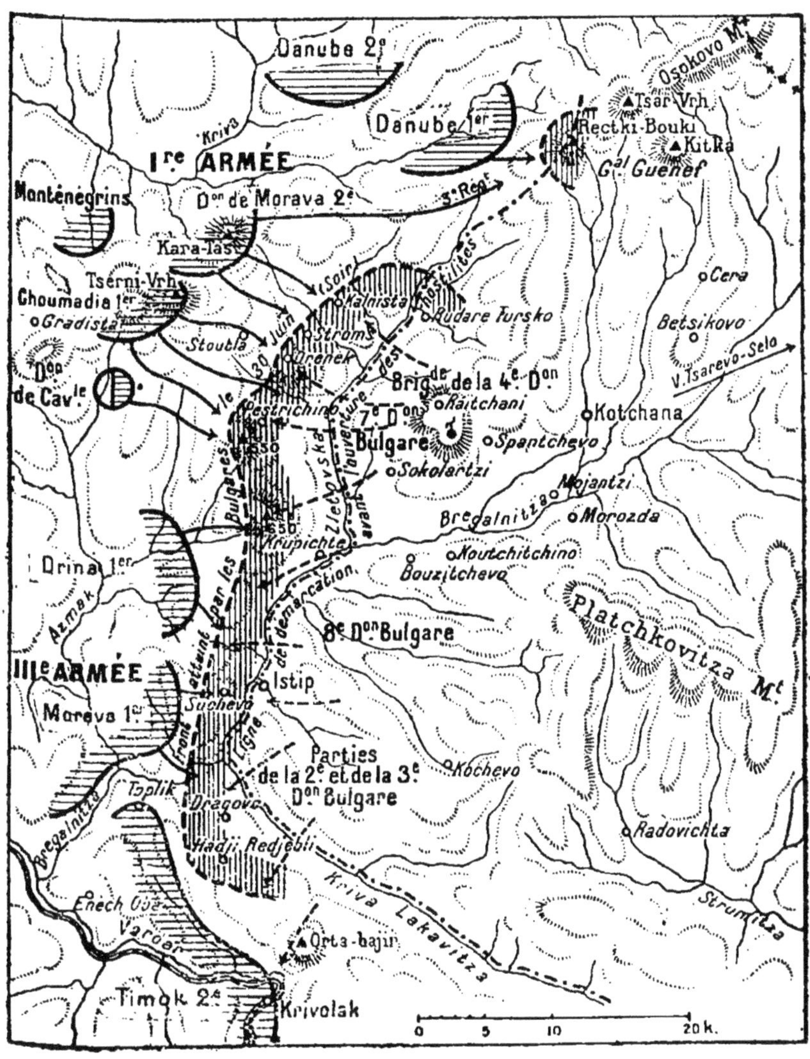

CROQUIS n° 3. — *Bataille de la Bregalnitza* (premier moment).

Situation du 30 juin (soir) : front atteint par les Bulgares. — Attaques des 1er et 2 juillet des armées serbes.

face au nord et livrant autour d'Egri-Palanka, contre la IIIe armée bulgare, une série de combats non encore terminés d'ailleurs à l'heure actuelle.

Le corps véritable de la Ire armée serbe s'appuyait à gauche au Redki-Bouki et bordait la Zletowska.

La division de Morava 2e ban, descendant les pentes du Plavice-Planina, devait attaquer dans la direction générale de Raïtchani, sur le front Zletowo - Rataviska.

La division de Choumadia 1er ban, concentrée sur le Tserni-Vrh, devait attaquer Drenek et la cote 550, en liaison à droite avec la division de cavalerie, qui coopérait également à l'action vers 550.

La division monténégrine, enfin, suivait en arrière, prête à appuyer les deux premières divisions de l'armée.

Dans la IIIe armée, la situation semblait plus confuse, les divisions, surtout vers la droite, la division du Timok 2e ban, avaient été bousculées par l'attaque bulgare et, avant que de songer à reprendre l'offensive, il fallait nécessairement résister à une attaque qui, dans cette zone, se maintenait toujours très vive, très ardente, loin de marquer une forte tendance au ralentissement et à l'essoufflement, comme vers la droite des Bulgares.

L'intention de manœuvre de ces derniers, au surplus, était fort nette : attaquant avec une extrême violence sur tout le front pour maintenir. et accrocher le maximum de forces un peu partout chez les Serbes, ils rappelaient de l'armée du général Ivanof une brigade de la 3ᵉ division, puis toute la 2ᵉ division, qui, appuyant au sud, devaient achever de refouler la droite de l'armée du général Yankowitch et pousser sur Uskub. L'armée du général Kovatchef avait attaqué de la manière suivante :

Tandis que les corps de volontaires à trois brigades du général Guenef, utilisant la capacité de marche de cette troupe spéciale à travers la montagne rocheuse, encerclaient le Retki-Bouki et, exerçant leur effort sur ce saillant, tentaient, d'ailleurs avec succès, d'y prendre pied, tout le reste des troupes déployées le long de la ligne d'eau Zletowska - Bregalnitza avait violemment rejeté les avant-postes serbes sur la ligne principale de défense.

Une brigade de la 4ᵉ division (8ᵉ et 31ᵉ d'infanterie), ainsi qu'il appert de l'ordre cité plus haut *in extenso*, attaquait le mamelon coté 551 (et non 550), où se trouve le village de Dobrevo. Cette brigade réussit à atteindre le front Dreveno-Kalnista.

La 7ᵉ division entière, que soutenaient huit bataillons d'opoltchénié, attaquait le Drenek et la cote 550, points qu'elle réussit à atteindre vers midi, le 30 juin.

Au sud de la 7ᵉ division, le reste de la 4ᵉ (7ᵉ et 19ᵉ, 43ᵉ et 44ᵉ) attaquait sur 650 et dans la direction de Sudik.

Enfin, la 8ᵉ division en entier dépassait Istip, enlevait Suchevo et, bientôt appuyée d'une brigade de la 3ᵉ division, s'emparait de Dragovo, tandis que la 2ᵉ division, franchissant la Kriva-Lakavitza, bousculait fortement la division du Timok 2ᵉ ban, lui faisait éprouver des pertes cruelles (1) et, la repoussant des hauteurs de Ortabajin, la rejetait sur Krivolak et le Vardar.

---

(1) Environ 5.000 à 6.000 hommes dont 3.000 prisonniers. A la fin de la bataille cette division à elle seule accusait, m'a-t-on affirmé, 9.000 hommes de pertes, soit près de la moitié de son effectif.

Obusier serbe de 120 %/m en batterie au-dessus de Kosara.

La tente popote et les automobiles du quartier général
de la 1re armée serbe à Gradiste.

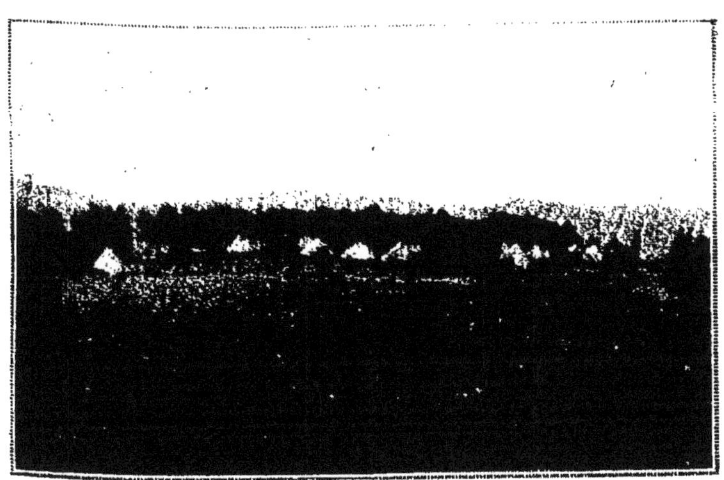

Le quartier général de la 1re armée serbe à Tserni-Vrh.

Blessé serbe ramené à Égri-Palanka pendant le combat de Zedilovo.

La III° armée serbe faiblissait visiblement vers sa droite; sa gauche, au contraire, composée de la division de Drina du 1er ban à Arbasantchi et de la division de Morava du 1er ban sur les hauteurs de l'Esevopolje, tenait bon contre l'attaque bulgare.

Il était midi, le 30 juin, lorsque l'ordre d'offensive générale parvint à tous les éléments de la ligne de bataille serbe. Si simple que puisse paraître cet acte et la mise en exécution qui le suivit, j'estime qu'il contient en lui seul l'explication du succès des Serbes et de l'échec bulgare; je dis plus même, le résultat final de la campagne procédera de ce geste, qui marque définitivement de quel côté va pencher la balance morale et la fortune des combats pendant tout le reste de la guerre. Exemple à méditer pour nous Français tout particulièrement, car la solution de la Bregalnitza peut être celle de la Moselle ou de la Meurthe demain, et il n'y a pas que les Bulgares qui soient susceptibles d'une tentative pareille à celle de la nuit du 29 au 30 juin.

Voici donc une armée d'une part, enfiévrée par ses succès, se croyant sincèrement invincible, à qui un ordre d'attaque à fond vient d'être donné et qui, après douze heures de combat, s'arrête, son offensive brisée, perdant confiance en elle-même, ébranlée, prête à la défensive, puis bientôt à la retraite... à la déroute même, si les Serbes continuent à vouloir le succès de la lutte avec autant de fermeté. Au lieu des mécréants que l'on s'attendait à rencontrer, l'on a trouvé des soldats, et lorsque l'on commandait « Na pret, na noge » (1), au lieu de voir l'ennemi s'évanouir, s'enfuir et disparaître, comme le faisaient les Turcs, le même cri de « Na noge » répondait, et il fallait lutter et lutter avec acharnement. La surprise, l'étonnement étaient trop forts. Ils engendrèrent rapidement la crainte, la peur et le recul, en présence d'adversaires que chaque moment passé affermissait davantage dans leur attitude énergique.

De l'autre, voici une armée brave, instruite, confiante en elle-même certes, mais cependant avec cette arrière-pensée que l'adversaire est un rude soldat, toujours vainqueur et très audacieux, que c'est le Bulgare enfin, c'est-à-dire malgré tout le vainqueur, le grand vainqueur, quelles

---

(1) « En avant, à la baïonnette ! »

que fussent ses fautes, de la guerre contre les
Turcs. Il y a hésitation..., tout fait un devoir
cependant de se conformer aux sages principes
de la guerre, d'attaquer, d'agir offensivement,
quelle que soit la situation initiale où l'attaque
brusquée violente et sauvage des Bulgares vienne
de mettre l'armée serbe.... Il est bien tentant,
bien humain, dirais-je, de rester là dans les belles
positions de Tserni-Vrh et de Gradiste, qu'il semble que jamais les Bulgares ne sauront enlever,
et cependant... on sait... l'expérience et l'histoire
des guerres le prouvent, que cette dernière solution est détestable et qu'alors il faut malgré tout
attaquer. Alors, prenant en quelque sorte son
courage à deux mains, l'armée serbe s'élance et
fonce.... L'effet est décisif... au moral supérieur la
victoire.... Les Bulgares, entassés sur la crête
rocheuse de Drenek, qu'ils n'ont pas eu le temps
de fortifier ni de pourvoir d'artillerie, hésitent,
résistent quelque temps, puis reculent, et c'est
ainsi que dès cette minute le combat, la bataille,
puis, sans aucun doute, la guerre entière elle-
même, devaient tourner à l'avantage des Serbes.

Je n'ai naturellement pas encore pu obtenir
des renseignements absolument complets sur le

détail de toutes les attaques. Cependant, ayant parcouru plusieurs fois le terrain de celles qui furent dirigées sur Drenek, en ayant interrogé un certain nombre de témoins, je suis à même de l'exposer à peu près entièrement dans ses grandes lignes.

Ce fut à la division de Choumadia du 1er ban que revint l'honneur de reprendre Drenck. L'ensemble de la division était primitivement disposé de la façon suivante : sur la cote 550 et sur le Drenck se trouvaient aux avant-postes des bataillons du 12e d'infanterie et du 11e, tous deux régiments de la Choumadia. En arrière, autour de Tserni-Vrh, dont le génie serbe avait fait une véritable place forte, et se prolongeant vers Kesani et Gradiste, également sous la protection d'ouvrages de fortification extrêmement sérieux, se trouvait massé le reste de la Choumadia (restes du 11e et 12e, 10e et 19e). Lorsque les avant-postes eurent été rejetés et que, les gros ayant pris les armes, l'attaque générale fut décidée, le commandement serbe fixa pour la Choumadia, comme objectifs, Drenek et la cote 550, ajoutant que, sur ce der-
'er point, la division du prince Arsène coopérait

à l'attaque tout en maintenant la liaison avec la IIIᵉ armée.

La répartition des forces qui fut prescrite fut la suivante : à gauche, le 19ᵉ, appuyé par un groupe de trois batteries, fut chargé d'attaquer le mouvement de terrain au nord de Drenek, vers Petritchino.

Au centre, le 10ᵉ, soutenu en arrière et à droite par le 12ᵉ et appuyé de quatre batteries de campagne, marcha droit de Gorni-Stubla sur Drenek, le 12ᵉ débordant vers Zarabinchu par le val très encaissé de la Belositza. Le 12ᵉ était, de plus, en liaison, à la vue tout au moins, avec le 11ᵉ, qui, appuyé par deux batteries, devait coopérer, avec des escadrons pied à terre et les batteries à cheval du prince Arsène, à l'attaque et à la prise de la cote 550.

Une première remarque s'impose dès maintenant, c'est l'étendue véritablement extraordinaire des fronts d'attaque. Nonobstant les effectifs très complets des unités, une division telle que la Choumadia ne pouvait matériellement pas amener au combat plus de 22 à 23.000 hommes. Or, elle attaquait sur un front supérieur à 10 kilomètres, ce qui donne une densité infime aux

attaques. Il n'apparaît pas, étant donné les objectifs indiqués, que les unités chargées des attaques
se soient réparties uniformément sur les fronts
envisagés, mais, en particulier en ce qui con-
cerne les mouvements de la Choumadia, il y eut,
à dire vrai, deux attaques très différentes : une
sur Drenek certainement très dense (environ cinq
hommes au mètre courant) et une moins dense
sur la cote 550. Entre les deux un trou, de même
qu'au nord, entre la Morava 2ᵉ ban et la Choumadia, il y avait aussi un trou, un espace libre
où personne ne combattait. Et ainsi pouvait-on
aller de proche en proche, de sorte qu'en définitive le front de combat pendant la bataille se com-
posait d'une suite de secteurs où les unités d'un
parti luttaient contre les unités de l'autre, sépa-
rées quelquefois par des intervalles considérables
entre chacune d'elles.

L'attaque de la Choumadia 1ᵉʳ ban commença à
faire sentir son action vers 1 heure de l'après-
midi. Il ne semble pas que l'infanterie eut tout
d'abord fortement à souffrir, et ceci provient de
ce que les Bulgares, peu ou point pourvus d'artillerie à ce moment, ne purent évidemment guère
gêner le débouché de leurs adversaires. Cepen-

dant, dès la limite des feux efficaces d'infanterie atteinte, la progression devint beaucoup plus lente, insensible même jusqu'au soir, malgré le secours relativement important que paraît avoir prêté à l'attaque une batterie d'obusiers de 120, placée sur les pentes de Tserni-Vrh.

Le lendemain 1er juillet, la nuit s'étant passée tranquillement et sans attaque de part et d'autre, les Bulgares, soumis à une convergence de feux considérable, mal à l'aise, à l'étroit sur ces étroites arêtes rocheuses, où ils ne pouvaient creuser le sol pour se retrancher, attaqués vivement à la baïonnette sur plusieurs points, les Bulgares, dis-je, commencèrent à plier, se retirant dans la direction de la Zletowska. Il était environ à ce moment 11 heures du matin. La poursuite ne fut d'ailleurs exécutée que par les feux, car certains régiments serbes, entre autres le 10e, avaient éprouvé des pertes cruelles allant jusqu'à 7 à 800 hommes hors de combat.

Plus au nord, la Morava 2e ban avait un égal succès, attaquant en deux colonnes dans la direction de Ratavista et de Rudare-Tursko; douée d'ailleurs d'une certaine supériorité numérique sur l'adversaire, elle rejeta assez aisément la brigade (8ᵉ et 31ᵉ) de la 4ᵉ division bulgare sur la Zletowska, ainsi que la droite de la 7ᵉ division, qui l'appuyait.

Au sud enfin, le 11ᵉ régiment, les escadrons du prince Arsène qui avaient mis pied à terre et aussi la gauche de la division de Drina du 1ᵉʳ ban coopérant à l'action parvenaient, après un corps-à-corps furieux, où l'on s'entretuait à la baïonnette d'une façon sauvage, à mettre la main sur la cote 550. La division du prince Arsène eut l'occasion d'exécuter un heureux coup de main à ce moment. Plusieurs escadrons suivaient le vallon qui, ayant son origine vers Pestritchino, descend sur Gajrantchi, tentant de s'élever ainsi sur le flanc des Bulgares en retraite, lorsqu'ils se trouvèrent à portée d'une batterie de campagne ennemie embourbée dans les fonds du ravin. Ils eurent vite fait de la dépasser et de la faire prisonnière, avec tout son personnel et tout son matériel au complet, ses quatre pièces, ses douze caissons et ses attelages.

Pendant ce temps, la IIIᵉ armée s'était également engagée, mais sans succès. Seulement, le 1ᵉʳ juillet dans la soirée, après que Drenek et 550 eurent été repris, les Bulgares abandonnèrent

65o (1), que la gauche de la Drina 1er ban occupa avant la nuit. Mais, devant Istip, les attaques de la division de Morava 1er ban avaient échoué; bien plus même, rejetée sur le Vardar, la division du Timok 2e ban venait de perdre Krivolak, où elle abandonnait près de 3.000 prisonniers et une batterie d'artillerie, dont les servants eurent le temps, ainsi que je l'ai déjà raconté, de mettre les pièces hors de service en emportant les culasses Le pont du Vardar tomba entre les mains de l'ennemi, qui, épuisé d'ailleurs, ne franchit pas le fleuve, se contentant de massacrer les blessés et de mettre le feu à la ville.

La situation le soir du 1er, en dépit des succès sur Drenek et 55o, demeurait encore fort grave pour les Serbes. Non seulement leur droite était sérieusement menacée par l'afflux constant de la 2e division bulgare et d'une brigade de la 3e division, qui venaient d'occuper le massif de Orta-Bajir et allaient, sans nul doute, pousser davantage vers Uskub, mais leur gauche était également compromise, le général Guenef ayant réussi à se

---

(1) La lutte autour de 65o fut également acharnée. Le 6e régiment d'infanterie y perdit presque tous ses officiers supérieurs et le quart de son effectif.

maintenir toute la journée du 1er sur le Retki-Bouki contre les attaques de la division du Danube 1er ban, qui, faisant face à droite, avait essayé de le rejeter sur Kitka et Tsar-Vrh. Il fallait en finir tout d'abord avec le corps des volontaires bulgares : la Morava 2e ban, libérée avec assez de facilité, semble-t-il, de ses adversaires sur le front (8e et 31e régiments bulgares), détacha l'un de ses régiments, le 3e, dès le 2 juillet au matin, qui, remontant la Zletowska par Muskova, vint prendre Retki-Bouki à revers par le sud et détermina ainsi la retraite du corps Guenef.

Pendant ces deux premières journées, les attaques s'étaient continuées sur le front de la IIIe armée, sans marquer aucun progrès sérieux de ce côté; d'autre part, vers Krivolak, les Bulgares ne paraissaient pas non plus en état de tenter, ou mieux de poursuivre une action sérieuse, et, profitant de cette inaction, la division du Timok 2e ban se reconstituait sur la rive droite du Vardar, bientôt appuyée par une brigade indépendante de volontaires accourue d'Uskub (1).

---

(1) Cette brigade fut amenée par voie ferrée jusque sur le champ de bataille, les fantassins serbes sautant des

Maîtres de Drenck et de 55o, la 1ʳᵉ armée aurait dû, sans conteste, poursuivre immédiatement son offensive sur les hauteurs de Raïtchani, où venait de se retirer la 7ᵉ division bulgare. Mais plusieurs raisons empêchèrent, paraît-il, de le faire, raisons qui d'ailleurs, à mon avis, ne sont en aucune façon une excuse, car elles prouvent un manque de préparation et aussi un manque d'audace de la part du commandement.

La première de ces raisons était l'impossibilité de continuer les attaques sans avoir ravitaillé les corps en munitions et en vivres, ce qui tend à prouver que l'organisation des ravitaillements était défectueuse, car, malgré les difficultés du terrain, l'on n'avait avancé encore que de 5 à 6 kilomètres des positions initiales de rassemblement, où les troupes stationnaient depuis longtemps.

La deuxième raison était que l'on ne voulait pas attaquer Raïtchani avant que Retki-Bouki ne fût pris. Or rien n'est aussi mauvais que d'attendre que le voisin ait fait quelque chose pour faire

---

wagons, le fusil à la main et entrant en action aussitôt débarqués.

soi-même une autre chose. Le meilleur moyen d'aider à la prise de Retki-Bouki étant certes d'enlever les croupes de Raïtchani.

Une troisième raison était donnée, c'est que l'on voulait amener de l'artillerie de gros calibre, et en particulier des 120 $^m/_m$, qui précédemment armaient les ouvrages de Tserni-Vrh, jusqu'à Drenek, pour leur permettre de coopérer d'une façon efficace à l'attaque de la rive gauche de la Zletowska. Cette dernière raison est infiniment plus sérieuse. Il semble bien cependant que l'attaque aurait pu commencer avec la seule coopération de l'artillerie de campagne, à laquelle l'aide des 120 $^m/_m$ n'aurait fait défaut que pendant un temps limité. Il fallait encore, m'a-t-on dit, attendre le 11e régiment, qui, lancé sur la cote 550, ne pouvait rejoindre dans la journée. Quoi qu'il en soit, l'attaque fut décidée pour le 3, après que le 2 au soir les avant-gardes des divisions de Morava 2e ban et de Choumadia 1er ban fussent venues border la rivière Zletowska.

Dès la première heure (4 heures), les attaques se déclanchèrent, le 3 juillet au matin. Elles eurent lieu dans les conditions suivantes :

La Morava 2e ban attaqua en deux colonnes

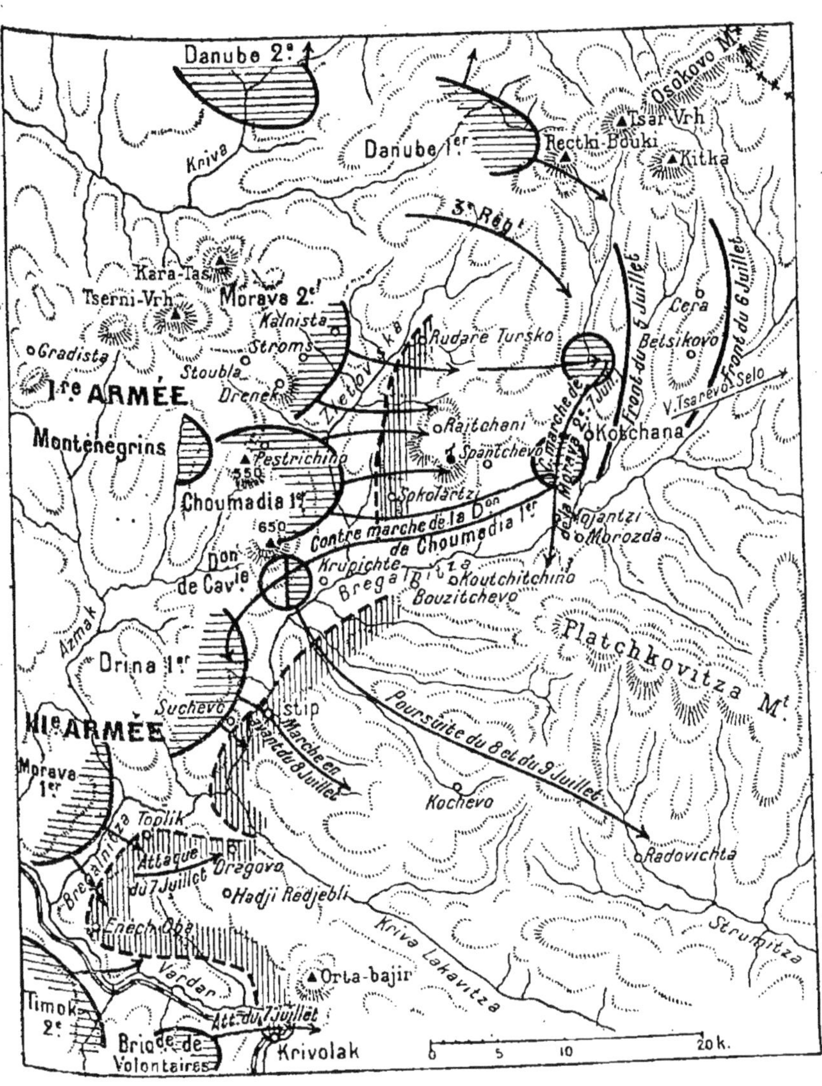

Croquis n° 3 *bis*. — *Bataille de la Bregalnitza* (deuxième moment).
Attaques des 3 et 4 juillet à la Ire armée. — Attaques des 6, 7 et 8 juillet
à la IIIe armée serbe.

respectivement sur Raïtchani et sur Rudarc-Tursko et la cote 828.

La Choumadia 1er ban se forma également en deux colonnes : un régiment reçut comme objectif la hauteur du télégraphe et Spantchevo, deux autres les pentes de Sokolartzi, le quatrième régiment suivait en arrière, en réserve. Deux brigades monténégrines, enfin, appuyaient le mouvement.

Le terrain, extrêmement découpé, se prêtait assez bien à des mouvements d'infanterie, mais l'appui nécessaire et indispensable de l'artillerie de campagne faisait défaut. Ou bien les crêtes d'où l'artillerie pouvait appuyer le mouvement se trouvaient trop éloignées et le tir demeurait inefficace en raison de la distance, ou bien la difficulté de franchissement des multiples ravins était telle que cette même artillerie de campagne ne pouvait suivre l'infanterie comme elle l'aurait dû, ni lui prêter son aide. Seuls les 120 $^m/_m$, du moins tant que l'on ne put faire passer des 75 $^m/_m$ sur la rive est de la Zletowska, produisaient quelque effet.

Néanmoins, malgré ces grosses difficultés, malgré le feu de l'ennemi, dont l'infanterie se trouvait admirablement postée dans des retranchements depuis longtemps préparés à l'avance, la progression, évidemment très pénible, se poursuivit assez régulièrement, quoique fort lente. Le soir du 3 juillet, la ligne des tirailleurs la plus avancée était encore à plus de 700 mètres des tranchées bulgares. L'on pouvait s'attendre à une contre-attaque pendant la nuit, surtout en songeant au penchant de l'ennemi pour ce genre d'opérations. L'on crut bon, à ce moment, d'amener sur le front, du côté du télégraphe, le 11ᵉ régiment, laissé en deuxième ligne jusque-là, et les brigades monténégrines.

Mais rien ne vint et le lendemain 4 juillet, au petit jour, l'attaque reprit. Elle se poursuivait avec des intensités diverses et une progression très ralentie de la part des Serbes, quand une intervention particulièrement heureuse se produisit sur l'aile gauche, qui détermina définitivement la retraite des Bulgares. Le 3ᵉ régiment de la division de Morava 2ᵉ ban, qui l'avant-veille avait contribué à l'attaque du Retki-Bouki, s'était porté, le 3, dans la vallée du Kotchana-Dere, vers Dolgital; il s'était heurté à une colonne bulgare venant de Kotchana et l'avait repoussée; poursuivant son mouvement le 4, il avait commencé, par sa seule présence en arrière de leur droite, à

exercer une pression sur les défenseurs de Raïtchani. Ceux-ci, visiblement épuisés, sentant cette
menace vers le nord, qu'ils tentèrent d'ailleurs
vainement d'arrêter, fléchirent bientôt et commencèrent à se retirer sur Kotchana.

La division de cavalerie du prince Arsène avait
pour mission d'appuyer au sud l'attaque de la
I⁰ armée, tout en maintenant la liaison avec la
III⁰ armée, dont l'effort s'exerçait sur Istip. Voyant
le succès obtenu par la I⁰ armée, elle tenta de
franchir la Bregalnitza à hauteur de Krupiste,
près du confluent de la Zletowska. Elle ne put y
parvenir, arrêtée par un feu nourri d'infanterie
provenant de la rive gauche. Alors, laissant une
de ses brigades engagée dans un violent combat
à pied le long de la rivière, le prince Arsène ramena l'autre brigade en arrière de la I⁰ armée,
de manière à franchir la Zletowska à Pisitcha et
à prendre une part effective à la poursuite de
l'ennemi vers l'est, dans la direction de Kotchana.

Cependant les Bulgares battaient en retraite en
assez bon ordre, de l'aveu même des officiers serbes, bien couverts par une forte arrière-garde
composée d'un régiment d'infanterie, d'un groupe
d'artillerie et de trois escadrons à hauteur des

Blessés serbes évacués par convoi après la bataille de la Bregalnitza.

Obusier serbe de 120 m/m modèle Schneider.

Infanterie serbe en marche vers le front.

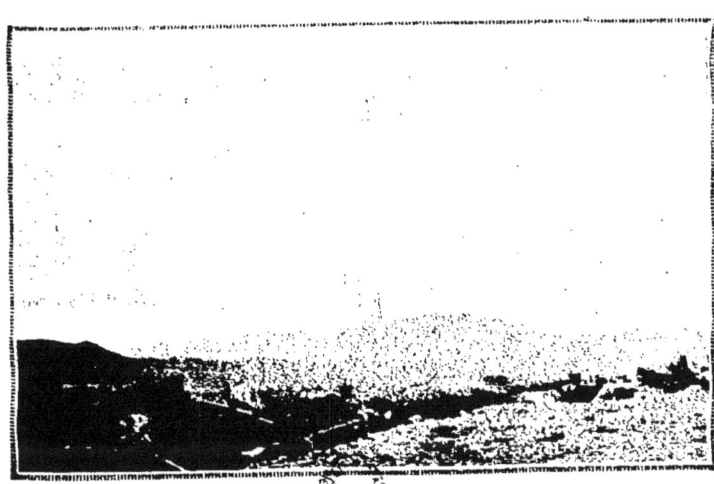

Sur la ligne de feu des Serbes pendant le combat de Zedilovo.

villages de Kutchitchino et de Buzitchevo. Cette arrière-garde faisait front pendant toute la journée du 4 juillet et réussissait à ralentir considérablement une poursuite qui, dès ce moment, ne paraît pas avoir été très active. Il est juste de convenir d'ailleurs que l'effort avait été considérable, presque prodigieux même, pour les deux divisions de la Ire armée, les pertes fort lourdes atteignaient déjà 10 p. 100 de l'effectif, enfin les Bulgares démoralisés, battus, en proie à une certaine confusion reculaient sans doute, mais âpres et tenaces de caractère, disputaient la rage au cœur chaque coin du terrain, chaque rocher, chaque crête.

Pendant les mêmes journées, la IIIe armée avait tenté elle aussi de se porter en avant. Mais ni le 3 ni le 4 juillet, elle n'avait réussi à déboucher sur la Bregalnitza, et nous avons vu comment la division d'extrême droite du Timok 2e ban avait été rejetée des hauteurs de Orta-Bajir sur le Vardar et abandonnait Krivolak à l'ennemi, celui-ci ne parvenant pas toutefois à passer sur la rive droite du fleuve.

Tout l'intérêt de la bataille se portait donc à ce moment vers l'aile droite, où il semblait à tort ou à raison devenir absolument nécessaire d'assurer le succès des attaques de la III° armée. La situation du Timok 2° ban était améliorée depuis l'arrivée de la brigade indépendante de volontaires et surtout par ce fait que, là aussi épuisés, les Bulgares ne semblaient pas vouloir poursuivre leur marche en avant.

Le 5 juillet, ayant réussi à mettre la main sur Kotchana, puis le lendemain 6 à établir ses avant-gardes sur les crêtes de Cera et de Betsikovo, le prince Alexandre décida de se séparer d'une de ses divisions, la Choumadia du 1er ban, et de l'envoyer vers le sud à la disposition du général Yankowitch en vue de coopérer à l'attaque générale de la III° armée. Le reste de la I°e armée, c'est-à-dire les Monténégrins et la division de Morava 2° ban, restait au contact des arrière-gardes bulgares retranchées fortement au delà de la Bregalnitza, sur les hauteurs de Tserni-Kamen, mais où passives, elles demeuraient immobiles.

L'emploi qui fut fait de la division de Choumadia est fort discutable : au lieu d'orienter cette division par Bouzitchevo dans la direction de Kochevo, objectif général de toutes les forces de la III° armée agissant concentriquement, l'on fit exécuter à cette unité une marche énorme, la ramenant en arrière le long de la Bregalnitza prendre position en deuxième ligne derrière la Drina 1er ban sur l'Ezevopolje, face à Istip.

Toute la journée du 6 fut perdue dans l'exécution de ces mouvements et l'attaque générale en fut d'autant retardée. Le 7 cependant la brigade indépendante de volontaires et le Timok 2e ban rentrèrent dans Krivolak après une suite d'assauts acharnés où le village fut pris et repris deux fois. Elles y trouvèrent des blessés abandonnés lors de la première évacuation, massacrés, quelques-uns odieusement mutilés, deux d'entre eux même crucifiés, prouvant ainsi que chez ceux que l'on nommait les frères slaves des Serbes, le vieux sang tartare n'était pas mort et donnant ainsi toute sa valeur au renom de civilisation et au respect du droit des gens dont les Bulgares se targuaient cependant volontiers devant les nations de l'Europe.

Le 7 juillet également la division de Morava 1er ban s'empara des villages de Toblik et d'Enichoba, puis conversant vers le nord poussait dans la direction de Dragovo.

Le 8 juillet, l'attaque générale sur Istip devait

avoir lieu, toute la III° armée en ordre de bataille se portait vers la Bregalnitza sur un front allant de Krupiste à la Kriva-Lakavitza lorsque subitement l'on s'aperçut que les Bulgares avaient disparu, se retirant dans la direction de Radoviste. On avait perdu le contact... en pleine bataille....

Ce fait très curieux est assez peu à l'honneur du commandant de la III° armée serbe, lequel d'ailleurs a paru constamment, pendant la campagne, au-dessous de la tâche que son commandement élevé lui imposait. Il est, en effet, assez incroyable dans le cas présent, qu'au contact, au combat même depuis plus de huit jours avec l'armée bulgare, l'on ait vu celle-ci s'évanouir sans que personne ne s'en doutât. Le cas est encore plus notoire que celui pareil du 18 août 1870 où le prince Frédéric-Charles chercha si longtemps l'armée française, la veille encore devant ses yeux. Ceci indique non seulement une certaine incurie du commandement serbe négligeant de se faire renseigner, mais encore une nonchalance bien slave, bien orientale des fractions engagées qui, profondément enfoncées dans leurs tranchées, ne songeaient guère à s'inquiéter si l'ennemi était toujours bien dans les siennes à quelque mille ou douze cents mètres en face.

La solution prise par les Bulgares s'imposait cependant : devant la double pression exercée sur ses deux ailes par les troupes de Krivolak et par la Ire armée dont, le même jour, la division de Morava 2e ban avait franchi la Bregalnitza à Mojanchi, marchant sur Kochevo, le général Kovatchef avait donné l'ordre de retraite.

Quoique exécutée en assez bon ordre, cette dernière fut un véritable désastre pour les Bulgares, tant ils avaient été loin de prévoir pareil événement. A leur tour ils semèrent les pistes et les chemins de canons, de caissons et de convois de toute sorte qui tombèrent aux mains de la cavalerie serbe.

Cette dernière, en effet, rassemblant tous ses détachements épars s'était lancée à la poursuite de l'ennemi dans la direction de Radoviste. Elle se présentait devant cette ville le 9 juillet et presque sans résistance y pénétrait. Dans la soirée ses reconnaissances entraient en contact avec celles de la cavalerie hellène remontant vers le nord. L'armée du roi Constantin victorieuse à Kilkich et à Dojran, poussait devant elle les divisions du général Ivanof, et les deux armées bulgares, manquant de lignes de retraite, se rejetaient vaille que vaille, dans une effroyable confusion, au nord des montagnes.

Tandis que les débris de la 4ᵉ et de la 7ᵉ division se fortifiaient sur le Tscrni-Kamen sans que, d'ailleurs, la 1ʳᵉ armée serbe, presque en entier orientée vers le sud à ce moment, exerçât la moindre pression contre eux, la 8ᵉ division bulgare et une partie de la 2ᵉ remontaient de Radoviste sur Petchevo, et la IIᵉ armée du général Ivanof, s'engouffrant dans la vallée de la Strouma, se retirait péniblement sur Djoumaja, laissant une arrière-garde chargée de disputer le terrain aux Grecs, qui, pour le moment, épuisés également, ne songeaient pas encore à poursuivre.

C'est là d'ailleurs une caractéristique générale des actions de ces guerres, l'absence... ou peut-être l'impossibilité de la poursuite. Et cependant, pour quiconque a vu ce que l'on pourrait obtenir par une action énergique après la victoire, pour celui qui a pu mesurer à quel point le moral est bas, la ténacité et l'audace disparues chez le vaincu, il n'est point de doute que le profit entier d'une bataille gagnée ne puisse se recueillir que par une poursuite à outrance.

Les Serbes ne le firent point, pas plus que les Bulgares jadis.... A ceci est-il une raison ? J'estime en effet que oui et que cette raison n'est point l'épuisement, d'ailleurs très réel, de la plus grande partie des troupes. Cette raison gît dans la situation générale de l'aile gauche des Serbes et elle me semble motiver pleinement l'absence de poursuite de leur part. Cette aile gauche, composée des divisions du Danube 1er et 2e bans, établies respectivement au sud et au nord d'Egri-Palanka, face à la frontière, a eu également à subir une série d'attaques de la part de la IIIe armée bulgare, commandée par le général Tochef. C'est donc de ce côté qu'il faut ramener les divisions éparses des deux armées serbes et pousser vigou-reusement vers le nord (1).

---

(1) La solution que semblait imposer à ce moment la situation était, à mon avis du moins, d'amener par une conversion rapide toutes les forces disponibles face au nord et, se couvrant des débris de l'armée Kovatchef vers l'est, de foncer droit sur Sofia à peine couverte au ·sud par les 40.000 à 50.000 hommes du général Tochef. Mais il fallait faire vite !

Ces attaques, à dire vrai, ont paru, du moins pendant la bataille sur la Bregalnitza, être assez peu énergiques, alors que l'évidence même concluait à une violente action des Bulgares sur le flanc gauche serbe. La raison en est dans la faiblesse constitutive des effectifs employés, ce qui, d'ailleurs, est une autre faute, car il aurait fallu évidemment amener en ce point les forces bulgares les plus nombreuses, les mieux aguerries, les plus aptes à triompher d'une longue résistance, au lieu de divisions de jeunes recrues, comme la 15°, par exemple, ou la 14°, qui vient d'y arriver. Mais à peine la bataille de la Bregalnitza terminée, que suffisamment renforcé cette fois il semble bien que le général Tochef attaque vigoureusement les deux divisions du Danube. C'est de ce côté-là que nous voudrions tous courir. Fasse le Ciel que l'état-major entende nos prières et qu'il nous laisse partir bientôt pour *Egri-Palanka*, ainsi qu'on semble nous le promettre.

CHAPITRE V

Egri-Palanka

De Tserni-Vrh à Egri-Palanka. — La situation du 18 juillet. — Combat de Zedilovo. — La bataille d'*Egri-Palanka.*

Egri-Palanka, 17 juillet.

Nous venons de quitter ce matin, pour le front, le bivouac du quartier général de la Iʳᵉ armée, établi depuis le 14 juillet à *Tserni-Vrh.* Notre gîte ce soir est *Egri-Palanka*, à moins de 10 kilomètres de la frontière et des lignes bulgares. Mais nous avions compté sans quelques erreurs d'appréciation de distance, faciles à commettre avec les cartes plus ou moins exactes que nous possédons. Aussi ne fut-ce que vers 5 heures et demie de l'après-midi, après avoir parcouru plus de 60 kilomètres par une chaleur torride et au milieu des nuées de poussière que sans cesse soulèvent sur les routes les interminables convois de ravitaillement, qu'après mille difficultés, nous atteignîmes la petite ville d'*Egri* ou de *Kriva-Palanka.*

Notre départ du camp du Prince royal ne manquait pas de pittoresque. Vers les 4 heures et demie du matin, l'on voyait sur les pentes abruptes et sauvages du *Tserni-Vrh* (montagne noire) quelques fiacres à l'aspect douteux, qui jadis avaient dû servir, sans doute, à véhiculer les élégants de la gentry d'*Uskub* et qui maintenant, au milieu de ce décor à l'épique allure, de ces spectacles de guerres et de batailles, haletaient péniblement en gravissant les contreforts rocheux de la montagne, alourdis de toute la tristesse d'improbables correspondants, au poids aussi lourd que germanique.

La belle jeunesse dont je m'honorais d'être, caracolait sur quelques coursiers assez peu fringants et de taille minuscule autour du capitaine Stoïanowitch chargé de nous guider. C'était charmant, on se sentait redevenir collège Stanislas ou rue des Postes, exécutant la ponctuelle promenade au bois, du mercredi, sous l'œil sévère d'un magister inexorable, sans pitié pour la moindre peccadille.

La guerre mise à part, notre excursion valait le voyage. C'est au milieu d'un paysage rappelant le moindre coin alpestre que de *Tserni-Vrh* nous descendîmes par une excellente route en lacets sur *Kratovo* d'abord, puis sur la vallée de la *Kriva*

que nous devions remonter jusqu'à notre gîte
d'étape pour ce soir.

Kratovo, petite ville enfouie au fond du thalweg de la *Kratovska*, étroitement serrée entre deux
murailles grises de rocs dénudés qui la dominent
à pic, ressemble avec ses toits de tuiles brunes et
ses minarets rouges à un champ fraîchement la-
bouré où seraient fichées en terre, des lances encore sanglantes. Quelques restes de ruines cu-
rieuses appartenant à l'époque de la féodalité byzantine, attestent l'antique existence de la petite
cité où plus rien ne vit, plus rien ne se meut. La
guerre avec ses horreurs est trop près, les habitants ont disparu, fuyant à l'aventure et dans les
champs, les moissons sèchent sur pied oubliées,
inutiles.

Cependant un peu plus loin des femmes, la fau-
cille à la main, tranchent quelques épis et tentent, pendant qu'il en est temps encore, d'amasser
quelques gerbes, maigre butin d'une terre cependant si riche, mais qui depuis 500 années, sans
repos, sans fin, a vu moissonner plus de vies humaines peut-être que de champs productifs et
fertiles.

Notre cavalerie d'avant-garde s'arrête soudain :

Une nouvelle désastreuse nous parvient, apportée par une estafette restée à l'escorte des voitures. Deux sapins ont versé : l'un deux portait la précieuse personne de Herr Professor K..., docteur de l'Université de Leipsig et correspondant des *Leipsiger Nachrichten* et autres feuilles diverses. Le professeur avait trois dents cassées mais, fait plus grave, il s'était effondré, paraît-il, au milieu d'un panier rempli d'œufs destinés à notre déjeuner et tous, en cœur, d'estimer qu'il aurait mieux valu que le professeur se fût cassé quatre dents et qu'il n'eût point fait d'omelette. Nous volâmes cependant à son secours et nous eûmes la double satisfaction de le retrouver un peu meurtri, mais avec toutes ses dents, tandis que par ailleurs nos œufs se présentaient encore en nombre suffisant pour satisfaire les plus exigeants appétits. Notre estafette avait exagéré.

A hauteur des contreforts de *Strazin*, réduit de la position serbe, nous rejoignons la grand'route qui de *Kumanovo* se dirige sur *Egri-Palanka*, gravit le col du même nom et, redescendant sur *Kustendil*, mène directement à *Sofia*. C'est à l'heure actuelle, la ligne de communication de la Ire armée serbe entière qui a serré sur le front *Tsar-*

Vrh, Golem, concentrant ses forces en vue de la bataille probable. La route nous apparaît sur toute sa longueur dans la vallée de la *Kriva,* surmontée de hautes colonnes de poussière épaisse, qu'inlassablement le double courant des convois qui montent et qui descendent y soulève sans cesse.

Nous nous plongeons dans ce brouillard opaque et à tout instant désormais nous côtoyons, entremêlés, charrettes à bœufs, voitures attelées, camions automobiles, voiturettes plus légères et vastes limousines réquisitionnées pour le service des états-majors. Revenant du front, ce sont de longs convois d'évacués : blessés, malades de toute sorte, cholériques, dysentériques, fiévreux, etc., amas de misères que la guerre traîne après elle et qui forment l'impitoyable rançon de la victoire et de la gloire d'un peuple.

Au fur et à mesure que nous avançons, le spectacle habituel à la zone arrière d'une armée se fait plus intense, plus vivant. De part et d'autre de la route, sur les bords encaissés de la *Kriva* campent d'innombrables chariots formés régulièrement en parc et correctement alignés. Ce sont les sections de convois administratifs des divisions portant leurs approvisionnements, puis les sections de munitions pour l'infanterie et l'artillerie. Un fanion bleu indique ces dernières et leur poussée vers l'avant, très nettement prononcée, nous donne à penser que la bataille ne devrait guère tarder puisque plus encore que les aliments, les munitions nécessaires aux troupes sont rapprochées du front.

Et tandis que nous échangeons ces réflexions, Réginald Kann et moi, sur la probabilité d'un prochain engagement, un roulement d'une sonorité agrandie encore par l'écho des montagnes se répercute à travers la vallée, puis immédiatement un second, puis d'autres encore. C'est le canon... Sa voix secoue l'âme toujours... c'est la voix des batailles... celle qui fait en même temps bondir et battre plus vite le cœur... tandis que dans la pensée du voyageur, comme du soldat, s'estompe le souvenir très doux des êtres aimés dont il lui semble que le regard l'accompagne, l'encourage et le soutienne. Je ne l'ai jamais entendu sans frémir de toute l'émotion que donnent à la fois la pensée des dangers qu'il évoque et des objets chéris qu'il me rappelle.

Au moment d'entrer dans *Egri-Palanka*, je

croise une voiture dont le cocher en livrée et les chevaux correctement attelés contrastent curieusement avec les charrettes à bœufs ou les caissons qui passent à l'entour. A l'intérieur, nous apercevons le prince Georges que j'ai connu l'an passé à Paris. Après quelques paroles cordiales, le Prince s'éloigne et, comme je remarque son air navré, Stoïanovitch m'apprend que, souffrant, il se voit contraint de quitter l'armée pendant un certain temps et de se rendre à *Belgrade* y prendre du repos.

Egri-Palanka, 18 juillet.

L'écho de la canonnade, amplifié par les parois rocheuses de la vallée, nous éveille de bonne heure ce matin, cependant que des nuées épaisses se résolvent en pluie et voilent d'un épais rideau l'horizon hier soir encore si bleu, si clair, si radieux. Nous sommes campés sur les bords mêmes de la *Kriva* limoneuse et jaune, serpentant à travers la petite cité aux éternels toits de tuiles qui, depuis *Smyrne* à travers la *Thrace* et jusqu'en Macédoine, forment la caractéristique distinctive des villages de Turquie. Le site en est ravissant cependant : au fond du thalweg de la rivière entourée de hauts peupliers, de saules et de frênes, que la pluie rend encore plus verdoyants, *Egri-Palanka*, avec la couleur vive de ses maisons, ses fins minarets blancs, sa petite église grecque en torchis brunâtre, semble reposer et dormir, paradis du rêve et de la fraîcheur, au milieu des brutales réalités que la guerre et ses horreurs déchaînent autour d'elle.

Nonobstant la bienveillance constante dont nous sommes entourés, nous ne pouvons encore circuler seuls et courir aux positions comme l'envie furieuse nous en prend, tandis que le canon continue à faire entendre sa voix dans la montagne. La journée se passe assez tristement sous la pluie et nous l'aurions sans doute marquée d'une pierre noire, si dans la soirée des renseignements assez précis sur la situation générale ne nous étaient parvenus.

Depuis la bataille de la Bregalnitza, une certaine activité a continué d'être manifestée dans tous les groupements du centre et de l'aile droite. Et ceci provient de ce que la situation en somme demeurait extrêmement critique, tous ces jours-ci, que la victoire ne devenait complète sur la Bregalnitza qu'autant qu'elle pouvait permettre

Blessé monténégrin après la Bregalnitza.

Pont du chemin de fer sur le Trinok détruit à la pyroxiline
par les Bulgares (chemin de fer de Nich à Zajetchar).

Le prince ALEXANDRE DE SERBIE et l'état-major de la 1ᵉ armée.

Le colonel FOURNIER et trois camarades de promotion
de l'École de guerre au quartier général du prince ALEXANDRE
(de gauche à droite)

Capitaine MARINKOWITCH,   ALAIN DE PENENNRUN,
Colonel FOURNIER,   Capitaine STOÏANOWITCH.

une conversion rapide vers le nord et une vigoureuse offensive sur Kustendil. Or, s'il y eut bien
mouvement de conversion rapide, par contre,
d'offensive sur Kustendil, il ne paraît pas qu'il en
soit question et c'est cette inaction qui me semble
critiquable, estimant que la solution choisie par
les Serbes en ce moment, si elle peut à la rigueur
s'admettre en tant que politique, est, j'estime,
à rejeter du point de vue strictement militaire.

La situation des Serbes, le 9 juillet, était la
suivante : la division de Morava 2ᵉ ban, laissant
une ou deux brigades monténégrines lancées dans
la direction de Tsarevo-Selo, avait été reportée
vers le sud, ayant esquissé un mouvement dans
la direction de Kochevo. Maintenant elle remonte
prendre sa place face au Tserni-Kamen devant
les arrière-gardes des 7ᵉ et 4ᵉ divisions bulgares,
retranchées au delà de la Bregalnitza où ces dernières demeurent immobiles.

La division de Drina 1ᵉʳ ban, la Timok 2ᵉ ban
et la Morava 1ᵉʳ ban, c'est-à-dire toute la IIIᵉ armée enfin maîtresse d'Istip et de Krivolak, poussaient encore à la même date au sud du Plaska-

vice-Planina sans pouvoir d'ailleurs trouver un contact avec les arrière-gardes des 8ᵉ et 2ᵉ divisions ennemies. J'ai déjà dit comment la cavalerie du prince Arsène, tentant de mener une esquisse de poursuite, avait établi la liaison avec l'armée grecque à Radoviste.

La Choumadia 1ᵉʳ ban, qui avait été reportée dans la région d'Istip, était demeurée inutile sur la Bregalnitza; elle se trouvait évidemment disponible prête à se porter sur les points que le commandement jugerait intéressants.

Or, ces points étaient, à n'en pas douter, ceux du front Tsar-Vhr, Egri-Palanka, Dubrovnitza où péniblement, très péniblement même, résistaient les deux divisions du Danube en butte à l'effort de plus en plus pressant de l'armée du général Tochef.

Déjà, en prévision de l'opiniâtreté des attaques bulgares, la division de Choumadia du 2ᵉ ban, jusque-là maintenue dans la région albanaise, avait été dirigée en partie sur Vranja pour défendre la passe de Vlassina, en partie sur Ristowatz, pour gagner par voie d'étape la gauche de la division du Danube 2ᵉ ban vers Radovintcha et empêcher ainsi tout mouvement débordant de ce côté, mouvement dont le succès eût été fatal. Une partie des éléments de cette division passait en gare d'Uskub le 7 juillet, remontant déjà vers le nord, à cette date, sans attendre l'issue complète de la bataille de la Bregalnitza.

Malgré cette première précaution, l'inquiétude demeurait très vive au quartier général de la Ire armée sur l'issue définitive et sur la durée probable des engagements qui mettaient à ce moment aux prises Serbes et Bulgares autour d'Egri-Palanka. Aussi sans perdre un instant, dès le 9 juillet, le grand quartier général prit-il la décision de faire refluer rapidement vers le nord tous les éléments disponibles et de ramener le gros des forces vers la frontière de la vieille Bulgarie.

La première unité intéressée par la série des ordres qui découlèrent de cette décision, fut la division de Choumadia 1er ban. Stationnée dans les environs d'Istip, vraisemblablement touchée dans la journée du 10 par l'ordre la concernant, le 12 à midi, elle entrait en ligne à hauteur des divisions du Danube qui, se resserrant chacune sur leur aile extérieure lui avait ménagé une zone d'action entre elles, au nord de la Kriva. Exécutée dans des conditions de température, de terrain et d'une façon générale, de fatigues, très pénibles, cette marche est en tous points remarquable d'autant que la vaillante division avait combattu dans des situations particulièrement dures à Drenek et à Raïtchani et qu'elle venait ensuite d'exécuter une longue marche de roquade en arrière de la IIIᵉ armée pour venir à Istip. Elle franchit les 100 kilomètres de montagne qui séparent Istip de Egri-Palanka en moins de 48 heures, malgré la chaleur accablante et les orages qui, à ce moment, éclataient fort violents au-dessus des régions où se mouvaient les armées, malgré le choléra aussi, dont l'apparition commençait à se faire sentir.

En même temps que cette marche forcée était exécutée par la division de Choumadia du 1ᵉʳ ban, la division de Drina 1ᵉʳ ban était aussi amenée sur le front nord dans des conditions assez particulières de célérité tout en empruntant une voie bien différente. Dirigée sur Vélès, elle fut enlevée par une série de trains qui, remontant par Uskub jusqu'à Kumanovo, la débarquèrent à moins de 54 kilomètres d'Egri-Palanka qu'elle atteignit en une seule étape, le 15 juillet. Ainsi donc, en moins de six jours, l'on avait rassemblé sur la frontière de la vieille Bulgarie, un ensemble de 5 divisions que prolongea bientôt à droite la IIIe armée reconstituée, elle aussi, sur de nouvelles bases pendant l'exécution de sa conversion au nord-est. Tandis que la Drina du 1er ban passait sous les ordres du prince Alexandre à la Ire armée, la division de Morava du 2e ban et une partie des Monténégrins entraient dans la composition de la IIIe armée. La Morava 2e ban, stationnée devant les défenses bulgares du Tserni-Kamen, en commençait incontinent l'attaque. Elle fut bientôt encadrée à droite par la division de Morava 1er ban accourant de Kochevo et à gauche, par la division du Timok 2e ban qui suivit la Morava 1er ban, puis revint s'encadrer entre la Morava 2e ban, et le reste des Monténégrins placés vers Pobijen se reliant ainsi au Danube 1er ban qui occupait Tsar-Vhr et les crêtes de Kalikamen.

En définitive, l'abattée vers la gauche complètement terminée, l'on a eu donc sensiblement, à partir de la journée d'hier 16 juillet, la situation suivante résultant des ordres du 9 :

Ire armée. — Quartier général à Tserni-Vrh :

Environ 20.000 hommes, Danube 1er ban à Tsar-Vrh ;

Environ 20.000 hommes, Choumadia 1er ban à Egri-Palanka;

Environ 15.000 hommes, Danube 2e ban en avant de Gradetz;

Environ 18.000 hommes, Drina 1er ban à l'ouest d'Egri-Palanka, en deuxième ligne;

Environ 7.000 hommes, fractions de la Choumadia 2e ban vers Radovintcha;

Total environ 80.000 hommes sous le commandement du prince Alexandre, prince royal de Serbie.

IIIe armée. — Quartier général près de Kotchana :

Environ 18.000 hommes, la division monténégrine en deux fractions à Pobijen et à Tserni-Kamen;

Environ 15.000 hommes, la division de Timok 2e ban à Betşikovo;

Environ 17.000 hommes, la division de Morava 2e ban face au Tserni-Kamen;

Environ 17.000 hommes, la division de Morava 1er ban à Vinitza, Gradetz;

Environ 3.000 hommes, la division de cavalerie du prince Arsène, remontée sur Kotchana;

Soit au total, environ 70.000 hommes sous le

commandement du général Boyan-Yankowitch et pour les deux armées un total de 150.000 hommes aux ordres directs du voïévode Poutnik toujours à Uskub.

Les pertes avaient été en partie comblées et le grave déficit de 15.000 hommes environ causé par la bataille de la Bregalnitza n'apparaissait pas trop sensible surtout en comparaison de celui de l'ennemi qui atteignait 22 ou 23.000 hommes. Certaines divisions de celui-ci étaient complètement désorganisées pour ne pas dire détruites, comme la 7e par exemple, ainsi que l'on en eut connaissance par un radiogramme intercepté à l'issue de la bataille de la Bregalnitza et mandant au quartier général bulgare à Sumakov que seule une brigade de cette division demeurait en état de combattre.

Ainsi donc, dès maintenant, il semble que les armées serbes ayant conversé à gauche se retrouvent reconstituées avec une rapidité relative et qu'elles sont prêtes à entamer une nouvelle action dans la direction de la capitale bulgare dont 80 kilomètres à peine à vol d'oiseau en séparent les éléments les plus avancés.

Mais, avant d'arriver à ce résultat, les craintes

ont été vives et de l'aveu même du prince Alexandre, l'on ne dormit guère du 9 au 11 juillet à l'état-major de la 1re armée. C'est pendant ces deux jours, en effet, que les combats soutenus par les divisions du Danube, entièrement seules, furent les plus acharnés, les plus vifs, tandis que, dispersées par la bataille, les autres divisions des armées ne formaient plus un tout groupé susceptible de manœuvrer. La ligne de défense qui avait été choisie était parallèle à la frontière, mais à environ 7 à 8.000 mètres en arrière. Bordée sur tout le front par la Kriva d'une part, et la Dubrovnitza d'autre part, accrochée au sommet de pentes assez raides, mais non dépourvues de champ de tir, la position présentait un grand nombre d'avantages. Ses nombreux angles morts se trouvaient annulés par un flanquement naturel de feux efficaces et par le fait de certaines difficultés de franchissement que la nature du sol imposait en maints endroits. Le terrain est fort différent, en effet, de celui de la bataille de la Bregalnitza . d'un côté l'on avait un terrain difficile sans doute, mais mollement ondulé, nonobstant son altitude élevée, et d'un parcours, somme toute, absolument abordable par toutes les armes, de l'autre côté tout au contraire, pour à peine plus haut que s'élèvent les sommets, l'on se trouve réellement en pays de hautes montagnes et de vallées encaissées, en bien des points semblable à une région des Alpes et où ne manquent ni les zones boisées, ni les pics infranchissables pour en compliquer le parcours aux troupes, sans toutefois empêcher absolument tout mouvement.

Les divisions serbes avaient construit sur tout leur front de véritables forteresses avec abris pour les réserves, tranchées et ouvrages d'infanterie renforcés, chemins d'accès, batteries enterrées, etc., le tout entouré de fils de fer et de défenses accessoires de toute nature qui rendent réellement leur front inviolable. Aussi les Bulgares ont-ils renoncé rapidement à enlever de vive force par une attaque directe des positions qu'à bon droit, étant donné le moral supérieur de leurs défenseurs, ils peuvent estimer comme inexpugnables. Leurs tentatives se sont exercées plus particulièrement sur les deux ailes. Nous avons déjà vu, pendant la bataille de la Bregalnitza, comment le corps de volontaires du général Guenef, appelé aussi milice de Macédoine-Andrinople, avait tenté avec des alternatives de succès et de revers de prendre pied sur le Retki-Bouki et pour quelles raisons il n'avait pu s'y maintenir devant les attaques concentriques de la division du Danube 1er ban et du 3e régiment de la division de Morava 2e ban.

Puis, tandis que les attaques se poursuivaient plus ou moins énergiques sur le front d'Egri-Palanka, Dubrovnitza et que malgré la très faible densité du front serbe, elles ne parvenaient point à percer, les Bulgares se décidèrent enfin à essayer une manœuvre débordante vers le nord et à tenter de rejeter sur la position de Strazin d'abord, puis sur Kumanovo ensuite, toute l'aile gauche des Serbes. Leur tentative échoua misérablement devant l'énergique attitude de leurs adversaires. Ceux-ci fortement retranchés sur la cote de Luki et vers Prodrjikonje, demeurèrent inébranlables. Peu à peu cependant, les Bulgares ont étendu davantage leur mouvement vers le nord et ils avaient même fini par prendre pied sur le mouvement de terrain coté 1669, menaçant d'une action de flanc toute la ligne serbe, quand, dans la nuit du 12 au 13 juillet, la division du Danube 2e ban qui avait pu se resserrer sur sa gauche par suite de l'entrée en ligne de la Choumadia 1er ban vers Egri-Palanka, se lança à l'attaque vers Luki et rejeta sur Kristofdol les fractions bulgares de la 12ᵉ division qui étaient en avant d'elle. Séparé de son gros par le val encaissé de la Dubrovnitza, le détachement parvenu à 1669 vit arriver devant lui, de la région de Radownitza, les fractions de la Choumadia 2ᵉ ban qui, transportées de la Macédoine en Serbie, avaient débarqué à Ristowatz pour venir prolonger la ligne serbe vers le nord. Les Bulgares ne tinrent pas et se replièrent sur la ligne de la frontière, désormais contraints à la défensive devant un adversaire qui, d'heure en heure, va se renforçant sans cesse.

Plus au nord encore leurs tentatives de forcement des frontières de la vieille Serbie ont un égal insuccès et la IIᵉ armée serbe demeure partout maîtresse du terrain.

Vers Vlassina et le défilé de Sourdoulitza, les incursions tentées par les fractions de la Vᵉ armée bulgare (division de cavalerie et une brigade de la 10ᵉ division) ont eu un échec lamentable. Etroitement enserrée dans les défilés du Vlassina-Planina, la colonne bulgare fut arrêtée net par des unités du 3ᵉ ban, renforcées de la majeure partie de la division de Choumadia du 2ᵉ ban qui la rejetèrent en désordre sur Trn.

La 1ʳᵉ division bulgare a attaqué pendant ce temps les défenses avancées du camp retranché de Pirot, dont la garnison appuyée par une brigade de la division du Timok 1ᵉʳ ban suffit, non seulement à la maintenir, mais même à la repousser violemment en arrière sur Tsaribrod, malgré l'appui que quelques unités de la 14ᵉ division sont venues en dernier lieu lui procurer. D'ailleurs la tentative la plus sérieuse de forcement qui fut effectuée par les Bulgares ne l'a été à aucun de ces deux points de passage, mais plus au nord encore, aux deux passes de Saint-Nicolas et de Raditchovatch où respectivement les 9ᵉ et 5ᵉ divisions bulgares de l'armée de Koutintchef se portèrent sur Knjagewatch. Elles réussirent d'ailleurs à pénétrer dans cette ville et s'y illustrèrent par le massacre et le viol des femmes, le pillage des coffres-forts et des objets précieux, l'incendie et la destruction de tout ce que l'on n'avait pu emporter. Bientôt menacées par la division du 3ᵉ ban qui descendait de Zajetchar, par la défense mobile de la garnison de Nich les attaquant de front et par la division du Timok 1ᵉʳ ban (redevenue en entier disponible) qui remontant vers le nord allait menacer gravement leur ligne de retraite, elles durent abandonner la ville, après une perte de 4.000 hommes environ, se rejetant sur Belogradchik où l'une de leurs brigades s'enferma, bientôt assiégée par les troupes du général Stepanowitch, à leur tour venant d'envahir la Bulgarie. A l'extrémité nord enfin, Zajetchar a été l'objet de tentatives infructueuses d'attaque de la part de l'opoltchénié que l'on avait groupée autour de Vidin. Non seulement la garnison de Zajetchar a résisté, mais bientôt renforcée d'un certain nombre d'unités du 3ᵉ ban, elle est venue, à son tour, mettre le siège devant Vidin, amenant avec elle de l'artillerie lourde et sommant la place de se rendre avant même que d'en commencer le bombardement.

En face de nous, les Bulgares occupaient, il y a deux trois jours, la situation suivante :

Ils forment une sorte de cordon ininterrompu partant des environs de *Golemi-Vrh* et qui est composé des 4ᵉ, 12ᵉ (à *Kustendil*), 7ᵉ divisions, cette dernière face à *Tsar-Vrh*. Plus à l'est, la 2ᵉ division se trouve vers *Djoumaja*. La 8ᵉ était à *Petchovo*, mais l'armée hellène semble en voie de la contraindre à remonter vers la *Strouma* supérieure où se trouve déjà la 3ᵉ division.

En arrière de ce cordon, la 6ᵉ division à *Dupnitza*, la 15ᵉ près de *Radomir* portent à huit divisions l'ensemble de forces immédiatement opposables au principal groupe d'armées serbo-hellènes. Ces forces semblent toujours organisées elles-mêmes en trois armées, la IIIᵉ commandée par le général Tochef, la IVᵉ par le général Kovatchef, la IIᵉ par le général Ivanof. Mais, calcul ou hasard, les Bulgares semblent avoir encore modifié leur ordre de bataille afin de dérouter les recherches du bureau des renseignements du grand état-major serbe.

Autour de *Sofia* et de *Trn*, le général Petrof commande à la Vᵉ armée qui comprend les 1ʳᵉ et 14ᵉ divisions, plus quelques éléments de la 13ᵉ Vers *Ferdinandovo*, le général Koutinchef se trouve face à deux directions dangereuses : *Zajetchar* où sont les Serbes, *Rahova* où débouchent les Roumains. Le général Koutinchef dispose de la Iʳᵉ armée, c'est-à-dire du reste de la 13ᵉ division et des 5ᵉ et 9ᵉ divisions.

Dans ces conditions, les deux armées adverses stationnent face à face, désormais concentrées,

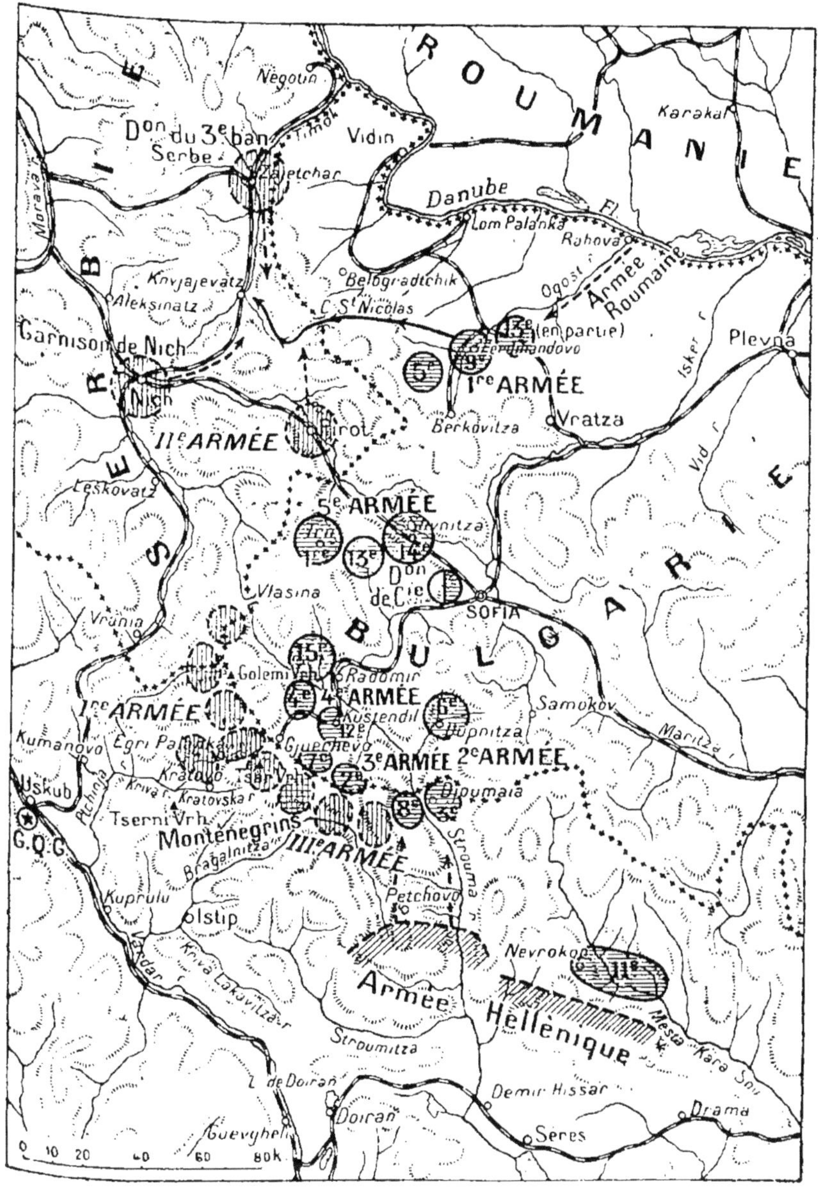

Croquis n° 4. — Situation générale le 18 juillet.

mieux même, déployées, prêtes à engager la lutte et cependant cette bataille générale qui hier encore semblait si proche, si imminente, ne se livre pas... ne se livrera peut-être jamais. Au rebours de nos réflexions de la veille, nous portant à croire l'engagement général très proche, il flotte un je ne sais quoi dans l'air, qui malgré les coups de canon très continus, fait que tout est placide, tout est calme et sans agitation aucune. Les états-majors sortent peu de leurs quartiers, pour se rendre sur le terrain, les troupes que nous avons dépassées hier au lieu de serrer sur l'avant, restent au bivouac... c'est l'immobilité... presque l'indifférence.

Et pendant que je fais ces réflexions pessimistes à Marinkowitch lui demandant si, comme la précédente, cette guerre ne va pas se muer en discussions diplomatiques dont l'inutilité n'aura d'égale que la longueur, et objectant qu'en somme aucun résultat absolument définitif n'étant acquis par la force des armes, il en découle nécessairement une quasi-impossibilité diplomatique de donner à la Macédoine un statut également définitif, il me répond que non, qu'il n'y a pas de négociations engagées, du moins l'état-major n'en a-t-il au-

Canon de 120 long serbe en position au-dessus de Kosara.

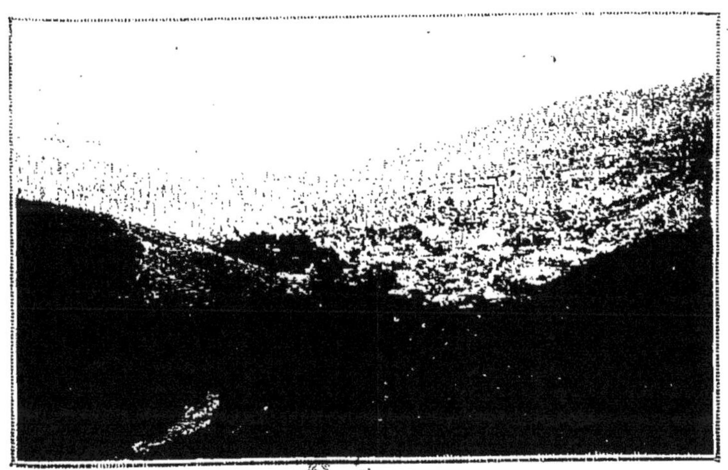

Vue de la Kriva et d'Egri-Palanka.

Le poste de T. S. F. au quartier général de la 1re armée serbe,
à Tserni-Vrh.

Arrivée de camions automobiles de ravitaillement à Égri-Palanka.

cune nouvelle et l'on est bien décidé à attaquer d'ici peu (1).

La soirée s'achève sous un déluge véritable que verse sur nos têtes un orage terrible; les roulements du tonnerre se confondent avec ceux du canon, agrandis formidablement par l'écho des gorges profondes de la vallée de la *Kriva*. Puis bientôt tout se tait, les nuées disparaissent, laissant briller d'un éclat incomparable les étoiles au firmament, tandis qu'un faible croissant de lune éclaire bizarrement notre campement placé sur les bords de la *Kriva* rapide et torrentueuse.

Egri-Palanka, 19 juillet.

Au milieu de la nuit, comme obéissant à un signal, la canonnade a repris violente, hachée, plus proche que jamais.

Nous n'y tenons plus d'impatience, quand,

---

(1) Or à ce moment une très forte pression était exercée sur les deux gouvernements de Belgrade et de Sofia par la Russie, tendant à arrêter les hostilités. Or, tandis qu'à Belgrade l'on semblait accéder aux demandes de Saint-Pétersbourg et que des ordres étaient donnés pour ne point attaquer, à Sofia l'on profitait de la temporisation où paraissaient désormais demeurer les Serbes pour concentrer des forces importantes vers Djoumaja et tenter d'y écraser les Grecs.

grâce à Dieu, l'autorisation de se rendre au front nous est accordée. Le temps de seller nos chevaux et nous disparaissons hâtivement par la sortie nord d'*Egri-Palanka* remontant la *Kriva* en suivant la route qui en longe les bords; cette route mène au col de *Deve-Bajir* et à *Kustendil.* Au confluent de la *Kisélitza,* nous l'abandonnons et par un chemin en lacets que travaille à améliorer une compagnie du génie, nous montons à *Zedilovo.* En bas sur la route, passent deux compagnies d'infanterie qui appuient vers la droite allant renforcer la chaîne de tirailleurs. Un peu au delà une section de télégraphistes répare la ligne télégraphique d'Etat, dont les poteaux arrachés pendent lamentablement au-dessus du lit de la rivière. A notre gauche trois ou quatre shrapnels fusent au-dessus d'un coteau boisé où crépite la fusillade. Nous continuons à monter, péniblement, car le chemin est dur et la pente fort raide. Mais notre ardeur est stimulée par les détonations qui semblent très proches sur l'autre revers de la hauteur que nous gravissons, et d'arriver à la crête va sans doute nous permettre de voir ce qui se passe. Malheureusement le canon se tait à ce moment, seule la fusillade très intermittente continue. Parvenus au sommet de notre ascension, nous nous trouvons en face d'un ravin très profond qui nous sépare encore du sommet même de *Zedilovo* où nous apercevons des pièces en batterie et quelques sections d'infanterie déployées tout autour. Après avoir abandonné nos chevaux, nous dégringolons dans un thalweg, parsemé de caissons et à nouveau nous remontons vers la crête au milieu d'un petit bois dont les arbres marqués de trous ronds et hachés par places, indiquent la violence du combat qui s'est livré là. Au milieu du bois, deux ou trois chaumières abandonnées, achèvent de brûler, répandant une odeur fade de cendres chaudes. Le long du chemin des artilleurs serbes gravissent eux aussi la pente, portant chacun deux cartouches à obus. La longue théorie qu'ils forment ainsi, relie d'une chaîne continue les caissons du parc d'artillerie laissés en bas en compagnie des attelages, aux pièces montées là-haut, à la bricole, dans un terrain impossible, avec leurs caissons de premier ravitaillement.

Nous arrivons à la batterie postée légèrement en arrière de la crête. Les quatre pièces sont là, mais à notre grande surprise, au lieu de rester

dans les encastrements construits avec soin pour
elles et où demeurent encore leurs caissons, elles
ont été poussées en crête, à peine au défilement
de l'homme debout. La raison nous en est bientôt donnée par le commandant de la batterie,
officier qui m'a paru d'ailleurs extrêmement remarquable. Imperturbable, pendant que quelques
balles bulgares passent en sifflant autour de nous,
il nous explique les phases du combat qui se termine. *Zedilvo* forme en avant du confluent de
la *Kriva* et de la *Kiselitza* une espèce de coin qui
s'enfonce entre les deux lignes des armées adverses. Sa possession est d'assez grosse importance, car elle permet à celui qui en est le maî-
tre d'assurer sur les flancs de la position ennemie une convergence de feu en concordance avec
les éléments moins avancés de la ligne. La carte
d'ailleurs à ce sujet, parle d'elle-même aux yeux.
En résumé, cette hauteur jouit de tous les avantages et de tous les inconvénients d'un saillant.

Avant-hier, 17, les Bulgares en étaient encore
maîtres, quand par une attaque brusquée les
Serbes, profitant du défilement que donnent les
angles morts d'un pays aussi découpé, se jetèrent
sur les avant-postes bulgares au moment d'une

relève et les repoussèrent sur la ligne frontière qui constitue leur position principale de défense.

Immédiatement de l'artillerie fut amenée sur *Zedilovo*, avec la plus grosse peine, il est vrai, mais dès le 18, elle se trouvait en mesure d'ouvrir le feu et de gêner considérablement les éléments avancés de l'ennemi.

Celui-ci ne se tint pas pour battu et cette nuit à 3 heures et demie du matin, il dirigea une attaque sur *Zedilovo*, attaque prononcée par un régiment entier à 4 bataillons, appuyé par 3 batteries de campagne et une batterie d'obusiers en position sur les crêtes de *Sivri-Tépé*. On nous les montre d'ailleurs et à la jumelle, je distingue notamment très bien l'une d'elles, dont les 4 pièces se silhouettent admirablement sur le revers d'une pente descendant vers le Karakol de *Deve-Bajir*.

L'infanterie bulgare attaqua en deux colonnes fortes de deux bataillons chacune, l'une venant directement de *Sivri-Tépé*, l'autre de *Deve-Bajir* et de la maison douanière qui, à la frontière bulgare, se trouve au haut du col que gravit la route d'*Egri-Palanka* à *Kustendil*.

Le terrain se prête merveilleusement à une

action défensive, un véritable glacis en pente douce montant vers les tranchées serbes. Parvenus à 5 ou 600 mètres, les fantassins bulgares furent accueillis par un feu violent d'infanterie. C'est à ce moment que le commandant de la batterie, qui nous raconte tout ceci, fit pousser à bras ses pièces sur la crête où elles sont encore et fit ouvrir le feu en fauchant (1) sur la ligne de tirailleurs ennemis. L'effet fut décisif : les Bulgares s'arrêtèrent, puis refluèrent à quelque 3 ou 400 mètres plus en arrière sur une crête intermédiaire où nous apercevons maintenant leurs tranchées.

De temps à autre, partent de là-bas quelques coups de feu à notre adresse et d'un peu plus loin, 100 mètres en avant de nous, les Serbes y répondent. La curiosité me prend d'aller voir les fantassins dans leurs tranchées. Je m'y rends en compagnie de Kann et de Bartlett (2), profitant

---

(1) On appelle tir de fauchage sur une hausse déterminée, un tir où chaque pièce de la batterie tire 3 coups en coulissant à chacun de 2 tours de manivelle sur son essieu. Cela permet de battre ainsi une plus grande largeur de front et par suite le tir est d'un excellent effet contre une longue ligne d'infanterie comme est la chaîne de tirailleurs.

(2) Ashmead Bartlett, correspondant du *Daily-Telegraph*, l'un des meilleurs correspondants de guerre anglais.

d'un moment d'accalmie. D'ailleurs à peine dans
la tranchée, quelques froufroutements caractéristiques qui claquent dans la terre comme des
coups de fouet, marquent que notre arrivée n'a
point passé inaperçue.

Dans l'abri merveilleux que la savante ingéniosité des Serbes a construit, c'est l'absolue sécurité. Un épais remblai, adroitement dissimulé
par des mottes de gazon, des pare-balles transver-
saux pour protéger la tête des tireurs, assurent
non seulement le maximum de tranquillité, mais
même un bien-être relatif à l'infanterie; elle s'y
trouve protégée non seulement des balles, mais
même encore de la pluie et du froid. Rassemblant
mon peu de serbe, je parle avec les hommes qui
causent et fument parfaitement insouciants.
Quand quelques claquements de fouet annoncent
l'arrivée des balles bulgares, ils rient et plai-
santent. Lorsqu'un peu plus tard, je retourne
en arrière, tous souhaitent au Français qui s'en
va un cordial au revoir « Sbogom! » « Avec
Dieu! » me disent-ils... et je m'éloigne en
répétant « Avec Dieu!... Sbogom! », tandis que
des balles bulgares s'enfoncent dans la terre de
la tranchée que je viens de quitter et s'enfuient

en jurant dans l'air calme après avoir ricoché derrière nous.

L'attaque sur la droite, venant de *Deve-Bajir* n'a pas eu davantage de succès. Malgré une certaine supériorité numérique, les Bulgares ne réussirent pas dans leur tentative : arrêtés par le feu d'infanterie et aussi par le feu d'écharpe que les deux pièces de droite de la batterie de *Zedilovo* purent exécuter contre eux en opérant un changement d'objectif de ce côté, ils durent rétrograder.

Les pertes serbes furent légères : notre batterie eut un pointeur tué et un servant blessé. Vers la droite, elles furent un peu plus sensibles : environ une quarantaine d'hommes ont été mis hors de combat, parmi ceux-ci un lieutenant dont la tête fut arrachée par un obus. Mais pour intéressant qu'il fût, ce petit combat ne laisse point que de n'avoir, en somme, qu'une importance médiocre. L'attaque bulgare fut, à tout prendre, assez peu énergique et ici encore je me demande quelle pouvait bien être l'intention de l'ennemi.

Nous vivons dans le noir le plus absolu que seuls un commencement de négociations ou une manœuvre assez osée des Bulgares peuvent expli-

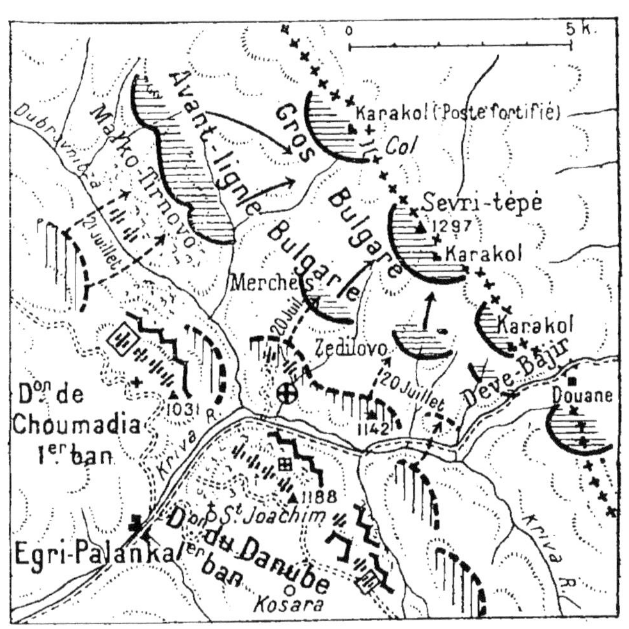

Croquis n° 5. — *Combats d'Egri-Palanka* (19. 20 et 21 juillet).

     ⊕   Point de stationnement de l'auteur le 19 juillet.

     ⊞   —   —   le 20 juillet.

     +   —   —   le 21 juillet.

quer (1). L'inactivité générale qui règne autour de nous permet toutes les suppositions.

En même temps que les troupes de leur 12e division attaquaient ainsi sur *Zedilovo*, d'autres tentatives avaient lieu un peu partout, à gauche de la 1re armée vers *Golemi-Vrh*, à droite vers *Tsar-Vrh*.

D'après le communiqué de ce soir, la tentative de *Golemi-Vrh* n'aurait pas eu d'importance. Il n'en serait pas de même de ce qui a dû se passer plus au sud. Les Monténégrins ne paraissent pas avoir très bien tenu leur ligne et ils auraient dû reculer sur *Pobijem*. Mais secourus par un régiment serbe descendu de *Tsar-Vrh* et qui aurait pris l'attaque bulgare de flanc, les Monténégrins auraient repoussé l'ennemi et se seraient même avancés vers *Siva-Kobila*.

Quoi qu'il en soit, ces pointes de l'ennemi, ou ces reconnaissances, comme on voudra les appeler, prouvent, à mon avis, qu'il n'est pas aussi affaibli moralement qu'on l'avait d'abord pensé et qu'il est encore susceptible d'une certaine activité.

---

(1) Voir note 1, page 126.

Le général Dimitrief est, en effet, un homme actif, très actif même... j'ai toujours admiré en lui une promptitude de décision très grande, quelquefois même empreinte d'une excessive ardeur et d'un jugement trop rapide; mais, à n'en pas douter, ce n'est pas un homme à rester sans rien faire. Que peut-il donc bien faire?

Trois hypothèses se présentent à l'esprit : ou bien masquant de ces feintes un rassemblement rapide de ses forces vers la droite ou vers la gauche, le général Dimitrief va-t-il procéder à une offensive brusque sur une des ailes du groupe d'armées serbo-hellènes? Cette solution me paraît la plus vraisemblable.

Ou bien, demeurant en situation défensive, va-t-il attendre l'attaque sur la ligne frontière, ou plus au nord au delà de *Kustendil?* Ceci est encore possible et cependant je dois dire que cela m'étonnerait.

Ou bien, tenant compte des groupements de *Slimnitza-Sofia* et de *Ferdinandovo* va-t-il, laissant un fort rideau devant nous, jouer des lignes intérieures et exécuter un mouvement en masse, facilité par la voie ferrée, qui le porterait au-devant des Roumains? Cette solution pleine de difficultés, il est vrai, mais audacieuse et fertile en résultats, si elle réussit, n'aura-t-elle point tenté l'esprit aventureux du généralissime bulgare? C'est du *Champaubert* et du *Montmirail* tout pur! Mais n'est-elle pas impossible?

Ce que je regrette cependant ici, c'est la trop grande somme de temps, jusqu'alors consommé par les Serbes dans leur concentration et leur préparation à la bataille. Je sais bien que voici, ainsi que je l'ai déjà dit, la première fois au monde que l'on exécute de la guerre de masses, de la guerre d'armées, dans un pays de montagnes où les sommets dépassant deux mille mètres ne sont pas l'exception, que les voies de communications y sont précaires, que mille raisons portent à ne rien hasarder... mais c'est précisément ce que j'aurais voulu voir... hasarder quelque chose et ne point dépenser ainsi vainement le temps, chose précieuse somme toute, et aussi profitable à l'ennemi qu'à nous-mêmes.

A cette critique près, tout ici semble en excellente condition, approvisionnements, munitions, moral... Le moral surtout est fort bon. Depuis le capitaine qui, posément, nous expliquait le combat du matin, où sa batterie venait de tirer près de 200 coups par pièce, jusqu'aux soldats que je voyais plaisanter entre deux coups de feu dans la tranchée tout à l'heure, tous manifestent, non seulement la meilleure bonne volonté, mais même le courage le plus ardent, l'enthousiasme le plus pur.

Et ce n'est pas seulement sur la ligne de feu qu'il en est ainsi. Pendant que nous revenons vers *Egri-Palanka*, nous dépassons des blessés qui reviennent du front : pas un cri, pas un geste, pas un murmure. Ces gens-là sont de vrais soldats, ils savent souffrir et mourir.

Egri-Palanka, 20 juillet.

Le canon continue à tonner sans discontinuer, tandis que la pluie, par intermittences, recouvre les montagnes d'une buée grise où l'on a peine à distinguer les objets. Cependant vers midi, le temps s'éclaircit et, l'observation devenant plus aisée, nous partons pour le front. Nous nous dirigeons vers la droite où la canonnade nous semble plus particulièrement vive.

Chemin faisant, par la route que les sapeurs du génie ont construite en roquade le long de la position, nous passons auprès du monastère de

Saint-Joachim. Ne serait-ce le grondement formidable qui remplit l'air à l'entour, enfoui sous les hautes futaies au creux d'un vallon que maintenant le soleil éclaire de ses gais rayons, ce petit coin de prière et de repos n'évoquerait que la paix et le calme, ermitage caché aux yeux du monde, formant un contraste exquis par sa fraîcheur et ses ombrages avec les crêtes dénudées, où là-haut, 75 $^m/_m$ et obusiers de 120 font rage contre les Bulgares.

Il se fait tard et cependant le duel d'artillerie qui, depuis le matin semble engagé ici, ne paraît point diminuer de violence. Nous passons auprès d'un abreuvoir aménagé le long d'une source jaillissant au flanc de la montagne. Les chevaux des avant-trains et des échelons de combat appartenant aux batteries en position y sont menés en main par leurs conducteurs. Tandis que nous croisons ceux-ci, l'un d'eux nous recommande d'appuyer à droite, car les shrapnells ennemis tombent assez fréquemment en arrière de la crête. Et en effet, à notre hauteur, en voici un très haut, trop haut, puis un autre, au contraire, très bas, presque percutant; tous deux éclatent dans les taillis dont la pente est parsemée.

Parvenus au sommet, l'on nous prie de bien vouloir nous placer entre deux batteries afin de n'en point gêner le tir. Il y a là tout un groupe d'artillerie appuyé, un peu plus vers la droite, par des obusiers de 120 qui, pour le moment, restent silencieux. Ils reprendront leur tir tout à l'heure.

Nous dépassons les batteries disposées en arrière de la crête, au défilement du matériel, et descendant sur le revers même des pentes, nous atteignons bientôt les tranchées où sont placées les réserves d'infanterie; ces dernières forment en même temps le soutien de la longue ligne d'artillerie en action derrière nous.

Nous sommes très aimablement accueillis par les officiers serbes, qui nous mènent à leur poste d'observation d'où l'on découvre en un admirarable panorama, tout le cirque de montagnes allant de la *Kriva*, à droite, jusqu'à *Geravino*, à gauche, et nous séparant des sources de la *Sovoltitza* et de la région de *Kustendil*.

En face de nous, vers le *Deve-Bajir* et sur la route qui, en serpentant, monte au col pour redescendre sur le chemin de fer et le village bulgare de *Gjujesevo*, l'on aperçoit quelques tranchées de l'ennemi. A 8 ou 900 mètres d'elles et de notre côté, l'infanterie serbe apparaît, terrée, elle aussi, en arrière de crêtes intermédiaires, dans des abris hâtivement creusés. Soudain de là-bas, sur un petit mamelon boisé tout noir, quatre lueurs, se succédant à une demi-seconde, illuminent les bois et, tout à la fois, nous parviennent le bruit de quatre détonations et quatre ronflements caractéristiques annonçant l'arrivée des projectiles : à 50 ou 60 mètres à gauche, quatre shrapnells éclatent en fusant, un peu haut, semant leurs balles rondes au milieu du feuillage des taillis où nous sommes abrités. Le tir est excellent en direction, car c'est à la batterie qui est en arrière de notre gauche que l'ennemi doit en vouloir, mais il est court en portée. Les Bulgares, sans le corriger cependant, continuent à arroser la pente en avant ; les shrapnells éclatent toujours trop courts, quelques-uns percutants, soulevant une épaisse poussière sur le sol. Le canon de 75 que possède également l'ennemi est un outil tellement bien réglé, qu'à peine 50 mètres à droite de l'axe de ce tir, somme toute assez nourri, l'on éprouve une impression de sécurité extrême et que nous ne nous en trouvons nullement empêchés de pour-

Un des 140 coffres-forts fracturés et vidés par les Bulgares
pendant leur séjour à Kujagewatch.

Un blessé serbe atteint au visage revenant du front
(combat d'Egri-Palanka).

Sapeurs du génie serbe aménageant la route montant à la position de Zedilovo.

Les bagages du Prince royal en panne. — Une côte dure à monter.

suivre nos observations sur la marche générale du combat.

De notre côté, l'infanterie ne cherche plus à progresser, elle stationne face à *Deve-Bajir*, sans bouger, ce qui, à mon avis, est une erreur, car ou bien l'on attaque et l'on n'a de cesse que l'infanterie ne gagne perpétuellement du terrain, ou bien il n'est pas nécessaire de l'engager et dans ce cas, il faut la maintenir soigneusement à l'abri des émotions de la lutte, à part quelques éléments légers laissés au contact, en avant-postes de combat. Quoi qu'il en soit, ce n'est pas ici que la partie importante se joue, mais, au contraire, vers *Kedilovo* où nous étions hier et que l'on aperçoit merveilleusement en contre-bas vers la gauche. A l'attaque bulgare de la veille, les Serbes paraissent vouloir répondre par un déclanchement de leurs forces de ce côté. Leur infanterie progresse dans la direction de la crête intermédiaire qui sépare les croupes de *Zedilovo* cotées 1142, de celles de *Sivri-Tépé* à la frontière même, cotées 1297. Cette crête intermédiaire porte le nom de *Merchès*, qu'il ne faut pas confondre, nous dit-on, avec un autre mouvement de terrain du même nom, situé plus au nord.

C'est de *Merchès* que les fantassins bulgares nous gratifièrent hier d'une volée de coups de fusil inoffensifs, lorsque nous nous trouvions dans les tranchées des croupes ouest de *Zedilovo*. Or, en ce moment, de ces tranchées, nous voyons les fantassins serbes sortir et se porter en avant. Les tranchées bulgares de *Merchès* paraissent abandonnées et c'est sur le revers, entre *Merchès* et *Sivri-Tépé*, que toute l'artillerie qui nous environne tire sans interruption. Les Bulgares que nous ne pouvons apercevoir dans ces fonds assez encaissés, sont, paraît-il, en retraite, se retirant de leur avant-ligne, sur leur ligne principale de défense; l'artillerie serbe s'emploie à arroser non seulement les fractions qui se replient, mais aussi, mais surtout, à contre-battre celles qui tiennent encore dans les ouvrages de campagne en avant.

La situation m'apparaît dès lors très claire : répondant à l'offensive de la veille par une vigoureuse contre-offensive, toute la ligne serbe se porte en avant, attaquant la série des crêtes intermédiaires qui, parallèlement à la chaîne frontière, constituent l'avant-ligne bulgare. L'ennemi ne paraît pas d'ailleurs offrir une très sérieuse résistance. Seule, son artillerie montre quelque activité et les shrapnells de s'abattre à nouveau autour de nous sans produire le moindre effet. Les canonniers de l'adversaire s'emploient à neutraliser nos batteries, mais celles-ci, convenablement défilées, négligent d'envoyer même un seul coup de canon à l'artillerie ennemie et se consacrent exclusivement à aider la progression de leur infanterie.

Voici qui, me semble-t-il, répondra d'une façon un peu nette aux amateurs de duels d'artillerie, préalables et autres théories dont, grâce à Dieu, le bon sens de l'artillerie française a depuis longtemps fait justice.

La nuit tombe claire et radieuse, tandis que petit à petit, tout se tait. Pendant que nous dévalons les pentes, rentrant vers *Egri-Palanka*, là-haut, derrière nous, un coup de canon, puis un autre, font encore retentir les échos des montagnes, se répétant à l'infini et très loin, vers le nord dans le val de la *Dubrovnitza*, se confondant avec les étoiles, la lueur vive de l'explosion des derniers shrapnells rend la nuit plus lumineuse encore, le feuillage des bois plus sombre, le silence qui succède à tous ces bruits, plus profond.

Egri-Palanka, 21 juillet.

Dès 3 heures et demie du matin, la vallée de la *Kriva* s'emplit à nouveau des grondements de la canonnade et plus le jour avance, plus elle se fait pressée, continue. D'un bond nous sommes sur pied, mais, hélas! il faut longtemps pour que tous soient prêts, confrères au sommeil un peu dur, à l'estomac affamé, censeurs cruellement despotiques qui ont toujours peur de voir leurs oisillons s'évader du nid par trop paternel, où ils les tiennent enfermés. C'est donc encore relativement tard, que nous quittons *Egri-Palanka* nous dirigeant du côté de la partie gauche du front au-dessus de *Kiselitza*, vers la cote 1031.

Tout en cheminant, nous croisons d'assez nombreux blessés qui tous appartiennent à la division de *Choumadia* 1er ban, laquelle garnit la crête depuis la *Kriva* jusque vers le mamelon où se trouve le village de *Dubrovnitza*. Pendant que nous montons, la canonnade qui, un moment s'était sinon complètement tue, du moins très espacée, reprend à nouveau avec violence. Nous abandonnons nos chevaux à quelque 300 mètres en arrière de la ligne de faîte et nous escaladons les pentes assez raides qui nous séparent des batteries. Notre arrivée est saluée par un shrapnell ennemi qui, très sagement, a l'obligeance d'éclater presque percutant au ras du sol, entre les batteries et nous.

La batterie dans laquelle nous pénétrons est une de celles de la division de *Drina* du 1er ban. Cette division, maintenue jusqu'ici en deuxième ligne, a cependant envoyé une notable partie de son artillerie renforcer celles des divisions de *Choumadia* 1er ban et du *Danube* 1er ban, situées respectivement de part et d'autre de la *Kriva*. Sur la crête où nous sommes, il y a deux batteries de la *Choumadia*, deux de la *Drina* et une batterie d'obusiers de 120 $^m/_m$ Schneider. Tout cela tire à qui mieux-mieux. Mais une fois de plus, je remarque aujourd'hui comme hier déjà, comme jadis à *Tchataldja* chez les Bulgares, que si l'artillerie sait bien régler son tir et encadrer convenablement ses objectifs, du moins paraît-elle ignorer l'emploi des feux tel que le permet le canon à tir rapide moderne et tel que nous le concevons en France. Jamais je n'ai vu, ni ne vois exécuter un « tir d'efficacité », véritable trombe de fer et de feu donnant le coup de massue définitif à l'adversaire qui, ainsi ébranlé, devient la proie facile de l'infanterie montant à l'assaut.

La distance peut ici paraître une excuse, car effectivement lorsque nous atteignons la crête, les objectifs ennemis apparaissent fort loin. Le commandant de la batterie nous conduit lui-même à son poste de tir et, de là, nous commente la situation d'ailleurs très simple qui s'offre à notre vue.

Du côté de *Zedilovo* qui maintenant est à notre droite, nous voyons distinctement de gros paquets d'infanterie tapie en arrière de la crête de *Merchès;* sur cette dernière apparaissent quelques sections déployées dans les tranchées, en avant-postes de combat. De la croupe même qui est à l'ouest de *Zedilovo* et où se trouve la batterie que nous visitâmes avant-hier, partent quelques coups de canon qui balaient le terrain entre *Merchès* et *Sivri-Tépé*. Une autre batterie est venue là, nous dit-on, renforcer l'action de la première et aider puissamment à la progression de l'infanterie. C'est l'artillerie d'accompagnement de la chaîne de tirailleurs.

Devant nous et légèrement à gauche au delà du cours de la *Dubrovnitza* s'élèvent une succession de coteaux boisés qui, face à *Malko-Tirnovo* et aux crêtes élevées de *Geravino*, prolongent, vers le nord, la série des hauteurs intermédiaires telles que *Zedilovo* et *Merchès* où s'accrochait l'avant-ligne bulgare. Dans un champ, entre deux bois, une compagnie serbe s'avance déployée face à la crête, les hommes le fusil à la main, sans sac, gravissent péniblement la pente. En haut, pas un coup de feu.... Sur les revers des pentes qu'on entr'aperçoit par un col entre deux collines, d'épaisses fumées montent presque verticales dans le ciel. Ce sont des maisons de *Malko-Tirnovo* qui brûlent.

Secs et déchirants l'air, comme des coups de fouet, sur un signe du capitaine les quatre coups de notre batterie viennent de partir. J'observe avec intérêt, la jumelle à la main, le réglage du feu : les quatre petits nuages ronds recouvrent le col lui-même et semblent se confondre avec l'incendie; une augmentation de distance est alors donnée : 5.200. A nouveau les quatre pièces tonnent, tandis qu'en sifflant les projectiles s'enfoncent dans l'espace portant là-bas la mort et l'incendie. Le tir continue ainsi sur les fonds où l'infanterie bulgare se terre et disparaît, évacuant définitivement ses positions avancées, pour se replier sur la ligne principale de résistance qu'elle a choisie, à la frontière même.

Après notre batterie, celle qui est à droite, puis celle de gauche aussi, rentrent en action. Tout le terrain au delà du col entre *Malko-Tirnovo* et la crête en arrière est bientôt parsemé de nuages de fumée blanche que font les shrapnells qui explosent.

L'artillerie bulgare répond à la nôtre, mais très faiblement. De temps à autre, venant de *Sivri-Tépé*, deux ou trois shrapnells éclatent au-dessus de nous, d'autres coups frappent en avant, sans aucun effet. Ce matin, paraît-il, le tir était plus efficace et quelques servants, 3 ou 4, ont été atteints. La batterie de gauche reçoit cependant, à un moment donné, sur la volée d'une des pièces un obus explosif qui éclate avec un bruit strident répandant tout à l'entour une fumée âcre et noire, irrespirable. Il me semble à première vue que tout doit être écharpé, haché! mais non! rien! il n'y a rien! et l'on continue à tirer. Dans notre batterie, c'est la sécurité parfaite. Un cinématographe qui nous accompagne, se risque même à établir son appareil au milieu des pièces et commence à opérer. Mais au moment sans doute le plus captivant, nous voyons l'appareil osciller et disparaître le long d'un épais taillis où propriétaire et instrument restent là gisant, tandis qu'à quelque distance retentit l'explosion d'un projectile ennemi. Nous nous précipitons, croyant notre homme touché, mais lui non plus, n'a rien; seulement, intimidé par le ronflement d'un obus persistant par trop dans sa direction, avait-il cru sage de chercher un abri... et tous les servants de rire, tandis que l'opérateur, remis de son émotion, recommence placidement à tirer quelques mètres supplémentaires du film, pour en parfaire le tableau.

D'autres observations, plus captivantes d'ailleurs, attirent à nouveau notre attention. L'infanterie que nous avons vu atteindre les crêtes au delà de la *Dubrovnitza*, se masse et s'épaissit de plus en plus. Elle s'étend à droite et à gauche, sans dépasser toutefois la ligne de faîte que seules des patrouilles de combat franchissent, pour en observer le versant opposé. De notre côté, l'on voit des paquets entiers, escouades ou demi-sections qui montent dans les champs, disparaissent dans les bois-taillis et finalement viennent s'amalgamer dans une assez grosse masse qui se constitue près du sommet.

Soudain, et sans que j'ai même pu soupçonner par quelle voie elles y étaient parvenues, toute une série d'éclairs me révèlent la présence de batteries serbes qui, accompagnant leur infanterie, viennent de prendre position là-haut. Leur tir est dirigé sur *Sivri-Tépé*, dont les flancs apparaissent maintenant environnés des flocons blancs des shrapnells. Ces batteries doivent évidemment poursuivre de leurs feux l'infanterie ennemie se retirant vers la frontière.

Un progrès sérieux vient d'être marqué aujourd'hui par l'armée serbe qui a rejeté sur leur principale position de défense, les avant-lignes bulgares. Le mouvement en avant paraît donc cette fois définitivement amorcé et depuis les trois jours que l'on se bat tout autour d'*Egri-Palanka*, voici réellement la première fois qu'une action déterminante vient d'être effectuée.

Cependant, illusion ou vérité, au moment même où je voyais, avec la satisfaction que l'on peut concevoir, le succès et les progrès des lignes serbes, je percevais en même temps très nettement, à mille indices révélateurs, que tout cela n'était que l'apparence trompeuse d'une activité tellement latente, qu'elle allait sans aucun doute d'ici peu se muer en un arrêt définitif de toute marche en avant.

L'armée serbe victorieuse, au commencement du mois, sur la *Bregalnitza*, aurait dû, à ce moment, sans perdre de temps, sans tenir compte de contingences plus ou moins embarrassantes, converser rapidement vers le nord et violemment, durement, se jeter à l'attaque des gros bulgares barrant la route de *Sofia*. Nulle considération de temps n'aurait dû intervenir, car ici le temps travaillait tout aussi bien pour ou contre elle, que pour ou contre les Bulgares.

Cette vérité, peu nouvelle dans l'art de la guerre, qu'il faut aller vite, n'a pas été observée; elle ne le sera pas demain non plus. Les batteries au milieu desquelles je me trouvais aujourd'hui, auraient dû dès ce soir, maintenant que les gros d'infanterie se trouvaient en mesure d'atteindre les crêtes au delà de la *Dubrovnitza*, s'y porter immédiatement elles aussi. Et sans désemparer, sans perdre une seconde, l'attaque des crêtes frontières aurait dû commencer!

Au lieu de cela, c'est l'arrêt, la suspension très

nette de tout mouvement ultérieur offensif, presque le retrait des troupes victorieuses sur leurs précédentes positions... On ne veut pas se battre... la bataille d'*Egri-Palanka*, commencée depuis trois jours, se termine en point d'orguel...

CHAPITRE VI

L'armistice

Les derniers coups de canon. — Les hôpitaux d'Uskub. —
La bataille de *Tsarevo-Selo*. — Retour à *Belgrade*.

Egri-Palanka, 22 juillet.

Le calme le plus absolu, le silence le plus profond règnent aujourd'hui sur les hauteurs que
dorent les rayons soudainement devenus très
ardents du soleil de juillet. Malgré le peu d'enthousiasme que nous inspire cette atmosphère par
trop pacifique, nous partons de bonne heure vers
la droite, nous dirigeant sur les hauteurs de
Kosara.

Pas un coup de canon, pas un coup de feu ne
trouble l'air. La matinée s'annonce splendide, un
léger souffle de vent rafraîchit les crêtes mon-
tagneuses. Sur le versant boisé qui s'étage au-
dessus de la *Kriva*, une frondaison allant du
pourpre couleur de rouille au vert le plus éclatant
jette une note de paix sereine et tranquille au-
dessus des vallons et des clairières, où s'entassent,

parqués étroitement les uns contre les autres, avant-trains, caissons, parcs de munitions et ambulances.

Au-dessus de *Kosara*, nous atteignons la ligne de faîte qui, formant saillie en cet endroit, face à la direction de la route de *Kustendil*, est occupée fortement. Un ouvrage de campagne à profil renforcé, entouré d'un épais réseau de fils de fer barbelés, occupe le point principal de la position. A gauche s'étagent deux batteries de 75; à droite, une autre batterie de campagne est placée légèrement en arrière de la crête. Elle est prolongée par une batterie mixte composée d'une pièce longue de siège du calibre de 120 $^m/_m$ et de trois obusiers de 120 $^m/_m$ à tir rapide, système Schneider.

L'infanterie, qui doit, en cas de besoin, occuper toute cette ligne, est bivouaquée en arrière. Au milieu des tentes, fiché droit en terre, recouvert de son étui en toile cirée, le drapeau d'un régiment est gardé par un factionnaire, baïonnette au canon. Plus loin, une pièce de 75 démontée repose à terre : le frein de l'affût a quelque défaut de fonctionnement, que le capitaine commandant s'emploie à faire corriger par son sous-officier mécanicien.

Le commandant du groupe de campagne qui occupe la crête, le major d'artillerie Lazarewitch, nous fait les honneurs du réduit où se trouve installé son poste d'observation. Aussi loin que la vue peut s'étendre, rien ne bouge, rien ne se meut, c'est l'immobilité complète, comme si, tacitement, une trêve était intervenue entre les deux adversaires. Seuls dans le lointain, tout à fait dans le nord, de sourds grondements se font entendre. Ils viennent de la direction de *Golech* et, en observant avec attention les pentes lointaines du *Golemi-Vrh*, nos jumelles nous permettent d'apercevoir les points d'éclatement des shrapnells.

Renseignement pris, il s'agit d'un mouvement d'attaque débordante que tente en ce moment l'aile gauche de la 1re armée serbe. Mais j'ai vite fait de démêler que ce mouvement, pas plus que ceux tentés jusqu'ici devant nous, n'a une véritable signification tactique. Comment pourrait-il en avoir en effet, puisque tout reste immobile sur l'ensemble du front? Car, de deux choses l'une, ou l'on attaque véritablement une position, et le premier devoir de l'assaillant est de marcher en avant sur toute la ligne de combat, afin d'y fixer par son attitude agressive le maximum de forces ennemies, ou bien l'on n'attaque pas et tout doit rester dans l'ordre normal, sans bouger.

En définitive, ces actes séparés qui paraissent se jouer dans les différents compartiments du terrain ne peuvent amener aucun résultat, si ce n'est celui de faire tuer inutilement des hommes. Ils sont donc condamnables. Et une fois de plus, je déplore que les Serbes ne se soient pas rendu compte qu'après la *Bregalnitza* il fallait, une deuxième fois, frapper vite et fort.

Avoir méconnu cette vérité élémentaire coûtera plus qu'on ne saurait le croire à la vaillante nation, qui méritait si bien la première place dans les cercles balkaniques par le courage de ses enfants et la noble attitude de son gouvernement. Elle nous coûtera peut-être beaucoup aussi, à nous Français, amis nés de ce pays, qui, en dehors des sentiments de la sympathie la plus vive, avions tant d'intérêts à le voir triompher dans cette lutte, de la plus durable et la plus définitive manière.

Voici maintenant l'armée roumaine presque aux portes de *Sofia*, sans avoir, pour ainsi dire, combattu; les Turcs, à *Andrinople*, ont reconquis la Thrace; les Grecs, enfin, sont maîtres du littoral

La citadelle d'Uskub.

Le pont de bois du Vardar à Uskub.

Obusier serbe de 120 $^m/_m$.

Shrapnell bulgare éclatant sur les positions serbes
(combat de Zedilovo).

de la mer Egée. Tous vont au profit immédiat...,
l'armée serbe est allée à l'honneur..., elle a payé
de son sang la douloureuse surprise du 29 juin...,
elle a brisé par sa vaillance la tenace résistance
bulgare..., elle a effacé le souvenir de *Slimnitza*
et des défaites de 1885..., elle a cru que c'était
assez. Répugnant à verser le sang davantage dans
une guerre fratricide que beaucoup déplorent, les
Serbes n'ont point vu que, de frères ou alliés
qu'ils étaient hier, les Bulgares étaient devenus
« l'ennemi », c'est-à-dire celui qu'il faut prendre
à la gorge et n'abandonner que raide mort,
étendu sur la place.

Pour cela, il fallait aller à *Sofia* et non à *Buca-*
rest..., il fallait se battre encore et on ne l'a
point voulu. Dieu fasse que l'habileté chicanière
des diplomates bulgares ne réussisse pas à semer
la discorde et la zizanie entre les parties amies de
ce nouveau congrès de *Vienne* au petit-pied et
que la paix, une paix définitive et durable, en
sorte.

Cependant, qu'une hésitation se produise dans
l'acceptation des conditions des alliés par la Bulgarie et voici l'armée serbe à nouveau contrainte
d'attaquer les lignes de *Kustendil*. Bon gré, mal

gré, il faudra donc engager cette bataille qu'on n'a pas voulu livrer hier. Il faudra se résoudre aux pertes que, sur une position organisée à loisir par lui, l'ennemi ne manquera pas d'infliger aux divisions du prince royal et du général Yankowitch!

L'appoint des Grecs, qui eux aussi ont généreusement payé leur tribut à la cause commune par les pertes sanglantes de ces derniers jours, celui des Roumains débouchant de *Vratsa*, l'offensive de la IIe armée attaquant par *Tsaribrod* permet d'une façon à peu près certaine de bien augurer d'une bataille où les Bulgares, acculés à leur capitale avec des ressources et des approvisionnements diminuant de jour en jour, ne pourront sauver qu'une chose : leur honneur militaire. Mais, tombant ainsi, ils en appelleront à l'Europe de leur puissance jetée bas par cinq adversaires au lieu d'un seul, ils exciteront une pitié dont ils sont assez dépourvus eux-mêmes pour qu'on la leur refuse. Tandis que seuls, vainqueurs, les Serbes, avec la gloire d'un pareil résultat, en emportaient tout le profit et Belgrade devenait bien sans contredit la véritable capitale des Balkans, qu'elle ne sera pas demain.

Puisque c'est devant le sang versé que l'on a reculé, devant l'énormité des pertes probables, pourquoi s'arrêter à ces demi-mesures où l'on essaye une pointe ici, une autre là, tuant en détail, pendant ces journées d'hésitation, autant de monde que dans une grande bataille? Ces quatre journées dernières sur le front *Golem-Vrh, Tsar-Vrh, Tsarevo-Selo* ont vu mettre hors de combat plus de 4.000 hommes. Les routes autour de nous sont couvertes de convois de blessés, dont un grand nombre assez gravement, sans compter beaucoup d'hommes atteints plus légèrement à la tête ou aux bras et qui cheminent seuls sur les routes, un bâton à la main. D'avoir ainsi hésité rend le sacrifice plus lourd, les pertes plus sensibles..., la moissons moins abandante, le gain plus discutable.

Il faut en finir cependant, à *Bucarest* si possible, sinon à *Kustendil;* c'est pourquoi je reste près du front, attendant le premier coup de canon de la grande bataille... ou l'armistice.

Kumanovo, 24 juillet.

Depuis deux jours que tout s'est tu, que canons et fusils restent silencieux autour de nous, pas un souffle, pas un bruit ne vient troubler l'atmosphère paisible. L'on aurait quelque peine à se croire au milieu de centaines de mille hommes en présence les uns des autres, prêts à se déchirer et à se battre, si l'inévitable déchet que drainent les armées en campagne derrière elles ne parsemait les routes de ses tristes débris, misérable rançon de la guerre et des épidémies. Plus encore que sous l'effet des balles, les effectifs s'en vont, se fondent et s'amoindrissent, anémiés, anéantis, réduits de moitié, des trois quarts, quelquefois même au cinquième de ce qu'ils étaient primitivement.

Depuis le premier contact avec les Bulgares, le choléra, fléau perpétuel des guerres balkaniques, a fait son apparition chez les Serbes. La IIIe armée serbe fut la première contaminée; à *Istip* notamment, où séjournèrent les Bulgares pendant un temps relativement long, les cas les plus violents furent signalés. Je dois dire, à l'éloge du service sanitaire serbe, que les mesures prophylactiques les plus énergiques furent prises dès la première heure et le fléau circonscrit assez rapidement. Jusqu'à présent, l'on peut compter environ 5.000 cas, dont 1.400 mortels, et déjà la violence de l'épidémie semble décroître dans de notables proportions. Mais l'influence déprimante que le choléra exerce sur l'état moral des hommes, les pertes que l'on avait voulu éviter en refusant d'engager une grande bataille et que les actions partielles des derniers jours ont cependant causées, une lassitude enfin que tous visiblement ressentent autour de nous de cette guerre qui dure depuis si longtemps, montrent bien que rien, plus rien ne va plus. Il faut la paix à tous ces gens-ci, qui maintenant me semblent las de souffrir, las de mourir.

Et cependant, je sens bien que l'œuvre de guerre n'est point finie pour l'armée serbe, que, pour avoir voulu refuser, ou mieux n'avoir pas eu le courage d'engager l'action définitive sur la route de Sofia et de se résoudre aux pertes que nécessairement elle devait comporter, l'on va se trouver en présence en un point quelconque du front, non seulement d'une résistance énergique de la part des Bulgares, mais même d'une brusque offensive de ces derniers, qu'à tort ou à raison l'on estime comme affaiblis, alors qu'ils sont peut-être à même de donner encore une impérieuse manifestation de leur activité militaire.

Les sourds grondements que, très loin dans le sud, nous percevons à peine, ne sont-ils pas le premier indice d'une action qui s'engage en face des colonnes hellènes et de la droite de la IIIe armée?

Impossible de rien apprendre de ce qui se passe. La belle confiance des derniers jours fait place au mutisme le plus absolu..., la consigne est de se taire. Nous risquons une demande aussi humble et soumise que faire se peut pour nous rendre du côté de *Kotchana*, mais elle est repoussée...; bien plus même, l'état-major, estimant sans doute avec quelque raison que nous avons vu déjà beaucoup trop de choses, nous fait aviser qu'il faut quitter *Egri-Palanka* et revenir en arrière, à *Uskub*, auprès du grand quartier général du voïévode.

Impossible de désobéir. Attachés militaires et correspondants, nous partons tous d'*Egri-Palanka* dans des camions automobiles qui doivent nous déposer en gare de *Kumanovo*, d'où, pendant la nuit, un train nous ramènera vers *Uskub*.

Au milieu des volutes épaisses de poussière que nos lourds chariots soulèvent derrière eux, apparaissent successivement les dernières traces, les derniers vestiges des spectacles guerriers qu'il va nous être dorénavant interdit de contempler; les convois succèdent aux convois, presque tous sont des colonnes de munitions, surtout de munitions d'artillerie, car c'est de celles-ci que la plus importante consommation paraît avoir été faite. L'infanterie semble avoir constamment été très ménagère de ses cartouches; je ne puis en dire autant de l'artillerie, non plus que louer le mode d'emploi de cette arme, qui m'a paru défectueux en quelques points précédemment étudiés.

De longues colonnes de gens à pied s'égrènent sur la route, depuis *Egri-Palanka* jusqu'au village de *Kumanovo*. Point ou peu de malades parmi eux, mais une quantité considérable de blessés légers, atteints seulement à la main, le plus souvent à la main gauche, ou à la tête. La situation du tireur d'infanterie complètement à couvert dans les épaisses tranchées que je visitais ces derniers jours, hormis la tête et les bras lorsqu'il tire, suffit à la rigueur à expliquer ce genre de blessures, dont la quantité cependant me paraît singulièrement anormale.

Pendant les 5o à 6o kilomètres de route qui nous séparent de *Kumanovo*, nous dépassons ainsi, répartis dans des convois ou marchant à pied, plus de 600 blessés. En arrivant à la gare, on nous apprend que depuis quelques jours un afflux très considérable d'hommes mis hors de combat se fait quotidiennement ici, ce qui confirme mes hypothèses sur l'importance des pertes que les inutiles combats des jours précédents ont causées, égalant ainsi dans le détail celles d'une grande bataille, dont on n'a pas eu le résultat. *Kumanovo* fonctionne à la fois comme gare de ravitaillement et gare d'évacuation pour la Ire armée, dont la ligne d'étapes se soude à la ligne de communication *Uskub, Nich, Belgrade* précisément en cet endroit.

Ce fut et c'est encore le lieu d'hospitalisation et d'isolement de la majorité des cholériques de l'armée. Il semble, à première vue, que l'on aurait dû avec quelque soin écarter aussi loin que possible de la zone de passage intense formée par le double courant des évacuations et des ravitaillements, ce foyer de contagion que nécessairement constitue la présence de plusieurs centaines de malades atteints du redoutable fléau. Cependant, diverses difficultés, notamment l'impossibilité de constituer différemment la ligne de communications de l'armée, étant donnée la pauvreté du réseau routier et un grave inconvénient d'écarter par trop les hôpitaux de contagieux de la voie ferrée et des centres de ravitaillement, ont conduit à maintenir la plupart des malades ici. D'ailleurs, je le répète, l'épidémie, un moment menaçante, paraît à l'heure actuelle enrayée grâce à la vigilance et à la fermeté des mesures prises de concert par le commandement serbe et la direction du service sanitaire.

Uskub (Skopljié), 27 juillet.

Voici trois jours que nous avons réintégré le bercail, je veux dire la demi-prison où l'inquiète sollicitude du grand quartier général tient désormais enfermés correspondants de guerre, attachés militaires et autres inquisiteurs de bon ou mauvais aloi qu'il importe de ne pas laisser aller se promener à l'aventure. Nous gémissons de nous trouver ainsi enchaînés, mais nous ne pouvons que donner raison au commandement qui estime notre présence au front à tout le moins superflue, dangereuse même, affirme-t-on, pour le secret des opérations.

Au surplus, ce secret est assez facile à percer. Depuis au moins dix jours, en même temps que la Ire armée donnait les quelques signes de son activité qui se sont manifestés devant nous autour d'*Egri-Palanka*, la IIIe armée, et sans doute les Grecs, attaquaient... ou peut-être même étaient attaqués. Il ne semble pas que les affaires aient pris une tournure extrêmement brillante de ce côté, et c'est sans doute la raison qui fait que l'on paraît assez peu soucieux de nous montrer un petit coin des opérations de l'aile droite, malgré notre incessante prière de nous faire envoyer à *Kotchana*.

Au surplus, j'ai obtenu, par plusieurs interviews habilement réparties, par quelques conversations négligemment amenées sur la IIIe armée, confirmation de mes hypothèses. Un indice sérieux est la constante arrivée des blessés à l'hôpital d'*Uskub*.

L'hôpital est notre Providence. Sur l'aimable invitation du médecin-chef, le docteur Michaïlowitch, Henri Barby, Reginald Kann et moi, restés les derniers reporters fidèles au poste, nous y prenons nos repas. On ne saurait croire ce que cette délicate attention de la part de nos hôtes nous enlève de soucis.... Il y a aussi le choléra dans *Uskub*, et principalement les hôtels, si l'on peut

donner ce nom aux misérables auberges de la
ville, en sont le foyer le plus habituel. Toute
nourriture prise s'y trouve suspecte, et malgré
soi l'on ressent quelque peu l'inquiétude que répand alentour la menace du redoutable fléau.
Parce que, n'est-ce pas!... mourir du choléra,
c'est bien laid!... Tomber frappé d'une balle ou
d'un shrapnell... soit!... à l'heure dernière l'on
peut encore sourire aux images chéries qui, lors
de l'adieu suprême, passent devant les yeux; mais
s'en aller tordu, crispé dans l'horrible convulsion
du cholérique qui expire... comment trouver ainsi
la force de sourire à la mort?

Une mission médicale française est ici depuis
quelque temps, prodiguant son aide au personnel
de l'hôpital, surmené par l'afflux incessant des
blessés. Cette mission, à dire vrai, n'en est pas
une; c'est l'association spontanée de Français qui,
désireux de rendre service au pays ami, sont
accourus offrir à la Serbie le secours de leur
science et la charité de leurs cœurs. Elle est dirigée par le docteur Reverchon, médecin-major,
professeur d'agrégation de médecine au Val-de-
Grâce. Il est secondé par trois autres médecins,
l'aide-major Gabriel, les docteurs Boullet et Ni-

koletis. Deux infirmières de la Croix-Rouge, Mlles Roth et de Neuville, apportent au milieu de ces spectacles de désolation et de mort la consolante vision, si connue désormais de nos blessés au Maroc, des vaillantes Françaises qui, sans craindre la fatigue des veilles, ni le danger de la contagion, sont là, toujours dévouées et généreuses, gracieuse image de notre Patrie elle-même, penchées sur le lit de ceux qui souffrent, de ceux qui gémissent, de ceux qui meurent....

Il m'est particulièrement agréable de retrouver des camarades de l'armée française, et c'est en leur compagnie que je visite les différentes organisations du Service de santé faites à *Uskub* par les Serbes.

Le docteur Michaïlowitch, ancien interne des hôpitaux de Paris, dirige avec une inlassable activité en même temps le centre d'hospitalisation d'*Uskub* et l'ensemble des services sanitaires de la place. Au grand quartier général, un directeur du Service de santé centralise les opérations et les mouvements de matériel et de personnel que nécessite la situation militaire du moment.

J'ai eu, de ce côté, de précieuses confirmations de l'importance des pertes subies ces derniers jours; d'après le registre des évacuations, le chiffre total des évacués pour cause de blessures reçues au feu s'élevait, à la date du 19 juillet, à 17.000 environ, tandis qu'il est de 27.000 aujourd'hui. Et l'on sent bien que ce n'est pas encore fini!

A nouveau, les regrets de me reprendre qu'à la suite de la victoire de la *Bregalnitza* les Serbes n'aient point voulu tirer de la situation avantageuse qui s'offrait à eux tout le profit stratégique qu'elle comportait. Nous sommes ignorants ici de la situation diplomatique, il est vrai. L'on prétend qu'une forte pression russe aurait été faite à *Belgrade* pour arrêter une marche offensive que le bon sens militaire indiquait. Mais comment ne s'aperçoit-on point au quartier général que cet arrêt, pour quelque motif qu'il se légitime, ne peut que faire le jeu de l'adversaire?

La démonstration évidente en est faite par les combats très durs que les Grecs et la IIIe armée sont en train de soutenir vers *Tsarevo-Selo* et dans les défilés de *Kresna*. Je me doute bien qu'à l'état-major du roi Constantin l'on doit maudire quelque peu la coûteuse inactivité des Serbes.

Le Ciel préserve notre haut commandement

dans la conduite de la guerre de demain, où l'existence de la France sera en jeu, des ingérences plus que discutables de la diplomatie. Laissez faire au canon son œuvre à partir du moment où vous l'avez déchaîné et laissez-le faire jusqu'à la conclusion définitive de ses actes, c'est-à-dire jusqu'à l'anéantissement complet, absolu, de l'adversaire. Toute ingérence diplomatique, dans toute guerre, a toujours été funeste.

L'on objectera qu'ici l'écrasement des Bulgares n'est pas à souhaiter, que, chez les Serbes eux-mêmes, personne ne le désire et qu'en définitive quelque espoir peut rester de les voir demeurer dans le giron de l'Alliance balkanique. J'avoue ne point croire à cette réconciliation des frères ennemis..., il y a eu trop de colères amassées, trop de haine, trop de morts entre eux.... Personne n'y croit ici et comme, en définitive, la seule chose qui intéresse la France, c'est le contre-coup éventuel d'une intervention des Etats des Balkans dans le conflit possible entre la Triplice et nous, pouvons-nous hésiter et ne pas souhaiter l'écrasement aussi définitif que possible de ceux que leur fol orgueil a jetés dans les bras de nos ennemis futurs.

Uskub (Skopljié), 3o juillet.

Las de supplier l'état-major de nous renvoyer au front et comprenant bien que tout est fini désormais, que l'armistice est proche, nous nous décidons à quitter la zone des armées et à remonter sur *Belgrade*. Mais, avant de m'éloigner du grand quartier général, j'ai pu réussir, en m'y employant par divers moyens honnêtes et déshonnêtes, à me renseigner sur les très graves événements qui viennent de se dérouler devant l'armée grecque et en face de la IIIe armée.

Il est pour cela assez nécessaire de jeter un coup d'œil en arrière et de revenir au moment même où la double victoire serbo-hellène de la *Bregalnitza* et de *Dojràn* amenait sous les coups des alliés la rupture de la masse de gauche des armées bulgares.

C'était vers le 8 juillet : à ce moment, l'armée hellène, en trois colonnes, après avoir rejeté vers le nord les fractions désunies du général Ivanof, effectua sa *liaison, dans la région de Radoviste*, avec l'aile droite des Serbes.

Laissant les Grecs opérer à la façon d'un levier sur la ligne de communication des Bulgares, c'est-à-dire sur la *Strouma*, il était évident que le jeu des Serbes était de converser rapidement en arrière et à gauche vers le nord et de profiter de la réunion de leurs forces, qui ne s'élevaient pas à moins de huit divisions, pour faire masse et effectuer une trouée vers *Sofia* par *Kustendil*.

Il suffisait, à ce moment, de maintenir un faible élément de poursuite au contact de l'ennemi vers *Tsarevo-Selo* pour se couvrir à droite, et, laissant à l'armée hellène le soin de pousser devant elle les débris des généraux Kovatchef et Ivanof, il fallait attaquer vigoureusement la IIIe armée bulgare non renforcée et déjà désunie par ses inutiles efforts sur les divisions du Danube.

Au lieu de cela, l'on a bien conversé rapidement et même amené en ligne, très vite, la presque totalité des divisions de la Ire armée, notamment la division de Choumadia 1er ban, qui effectua cette marche splendide du 10 ou 12 juillet, que j'ai déjà signalée, allant d'*Istip* à *Egri-Palanka*, mais l'on s'est borné à cet effort, attendant que les Grecs arrivassent en ligne.

La solution d'attaquer tous ensemble, avec toutes ses forces, se défend..., mais qu'arriva-t-il

Pièce de 75 $^{m}_{m}$ serbe tirant: la pièce est au recul maximum sur l'affût.

Section de télégraphistes de campagne rétablissant la ligne d'Égri-Palanka
à Kumanovo.

Halte au feu ! L'artillerie serbe de Zedilovo au repos
pendant une accalmie du combat.

La Croix Rouge française à Uskub (de gauche à droite) :
Docteur BOULLÉ ; Docteur CONEL (serbe) ; Mademoiselle ROTH ;
Docteur NIKOLETIS ; Mademoiselle DE NEUVILLE ;
Docteur REVERCHON (médecin-major).
Au deuxième plan : Aide-Major GABRIEL ; jeune infirmière serbe ;
interprète serbe adjoint aux médecins français.

pendant cette inutile période de temporisation?
C'est que les forces hellènes, divisées en trois colonnes parallèles remontant respectivement sur
Petchovo, sur *Djoumaïa* par les défilés de *Kresna*
et la vallée de la *Strouma*, et sur *Mehomia* par le
Kara-Sou et *Nevrokop*, eurent soudainement devant elles une importante masse bulgare que
l'inactivité des Serbes avait laissée se constituer
à l'aile gauche du front de l'ennemi.

Il aurait fallu, dès le 15 au plus tard, attaquer
sur tout le front serbe pour ne point laisser aux
Bulgares la possibilité de faire effort sur les troupes hellènes avec la majeure partie de leurs forces
disponibles. La première demande de coopération
sollicitée par le roi Constantin à l'état-major du
voïévode Poutnik date du 22 juillet. Dans le fait,
depuis cette date, des attaques violentes et répé-
tées eurent lieu devant le front de la IIIe armée.
Il est à regretter qu'après les quelques jours
d'action autour d'*Egri-Palanka* auxquels je viens
d'assister, l'on n'ait pas cru devoir résolument
attaquer sur tout le front, invoquant le vain prétexte que les Grecs n'étaient pas en ligne. Ils ne
pouvaient l'être aisément, tout au contraire, que

si l'on attaquait vigoureusement à *Kustendil* — c'était donc un cercle vicieux.

Quoi qu'il en soit, à partir du 16 juillet, avec quelque hésitation, jusqu'au 28, la III⁰ armée se livra à une série de démonstrations et d'attaques qui, pour n'avoir pas été menées à fond, coûtèrent cependant beaucoup d'hommes et n'empêchèrent pas la concentration des Bulgares sur leur gauche.

Le 28 juillet, la colonne de droite des armées hellènes, composée des 3ᵉ, 4ᵉ et 10ᵉ divisions, soit tout au plus 25.000 hommes, ayant péniblement dépassé *Petchevo* et attaquant le long de la *Bregalnitza*, dans la direction de *Trabotiviste* et éventuellement de *Tsarevo-Selo*, fut ramenée très vivement en arrière, sur le *Bejaz-Tépé*, avec des pertes graves. Les 3ᵉ et 10ᵉ divisions grecques notamment eurent beaucoup à souffrir.

Le même jour, à 11 heures du soir, partait du grand quartier général d'*Uskub* un ordre énergique d'offensive à la III⁰ armée, et, dès le 29 au matin, le général Bojan-Yankowitch lançait ses divisions en avant.

Les combats des jours précédents avaient successivement refoulé les Bulgares de l'*Osojnitsa* sur

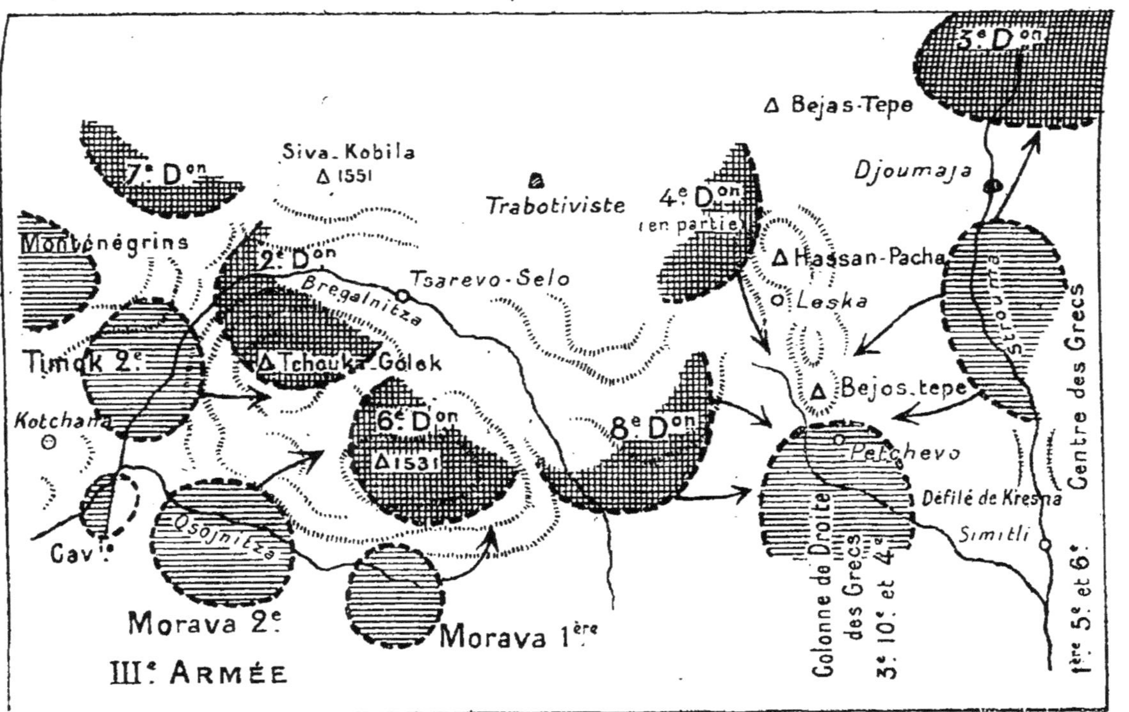

Croquis n° 6 (Échelle 1,800.000e). — Situation du 31 juillet au moment de l'armistice arrêtant la bataille de *Tsarevo-Selo*.

la ligne de hauteurs allant de *Vinichka-Goumna*
au *Tchouka-Golek*, coté 1551. L'attaque du 29,
poursuivie aujourd'hui 30 par toute la III° armée,
paraît avoir amené un léger recul de la ligne bulgare sur la position de *Tchouka-Golek* et, en tout
cas, le dégagement certain et définitif de l'aile
gauche des Grecs, jusque-là compromise. Formées en demi-cercle autour de *Tsarevo-Selo*, les
divisions du général Yankowitch paraissent en
excellente situation pour en finir avec les Bulgares dans cette région. Mais ceux-ci sont extra-
ordinairement tenaces et tiennent ferme jusqu'au
bout. Les tranchées des deux adversaires ne sont
pas éloignées de plus de 50 mètres quelquefois,
me dit-on, au point que les hommes, entre deux
coups de feu, ont le temps d'échanger des injures
et des menaces.

Le terrain où l'on se bat est plus que difficile,
passant de points cotés 700 et moins à d'autres
atteignant plus de 1.500. L'artillerie est traînée
à la bricole sur les positions de tir par les fantassins les plus proches. Le ravitaillement est pénible, pour ne pas dire impossible, aussi bien en
vivres qu'en munitions. La chaleur souvent suffo-
cante, et... le choléra est toujours là!... On ne

compte plus les attaques de nuit, les corps-à-corps de toute sorte, où l'âpreté des uns n'a d'égale que le sombre désespoir des autres.... « Cet entonnoir de *Tsarevo-Selo, quel enfer!* » me dit un chef d'escadron d'artillerie blessé.... Tout cela, c'est la guerre, la vraie, celle où l'on meurt quelquefois certes, mais où l'on souffre toujours et pendant chaque heure, chaque minute... au plus endurant la victoire!...

Belgrade, 1er août.

L'armistice a été signé depuis avant-hier; il est entré en vigueur hier matin à midi, tandis que, remontant vers le nord, j'abandonnais *Uskub* et l'armée serbe.

Quels soupirs de soulagement n'entend-on point tout à l'entour? Mais tous manifestent, en même temps que leur joie de voir arriver enfin la fin d'une si longue période de guerre, l'inévitable appréhension que leurs espérances ne soient vaines et que les négociations entamées à *Buca-rest* n'aboutissent pas!... Avec les Bulgares, sait-on jamais?

Dans notre compartiment se trouvent le colonel Thomson, attaché militaire de Grande-Bretagne, qui rentre également à *Belgrade*, et le commandant Nenadowitch, du Ier régiment d'artillerie. Atteint d'une balle de shrapnell au bras gauche, le commandant est évacué sur les hôpitaux de Belgrade, où sa famille habite également. La pensée de revoir bientôt les êtres qui lui sont si chers et que depuis dix mois il n'a pu même embrasser une fois, remplit son cœur d'une émotion facile à deviner et lui font oublier sa douloureuse blessure qu'avive encore le cahotement infernal d'un train militaire marchant à fortes secousses mais à petite allure.

Le commandant nous raconte maints détails sur les terribles engagements des derniers jours autour de *Tsarevo-Selo*, pendant lesquels il vient d'être touché. Il appartenait à la division de Morava Ier ban, engagée à l'aile droite de la IIIe armée. Les premiers combats eurent lieu le 17 juillet, après une marche d'approche exécutée la nuit, et depuis ce temps, ils ne cessèrent pas un instant pendant treize jours.

« Les pertes furent effroyables, nous dit-il; cer-
« taines compagnies d'infanterie, qui comptaient
« plus de 300 hommes, sont réduites à 150 hom-

« mes, quelquefois à moins; elles n'ont plus ni
« officiers, ni gradés pour les conduire. Mais
« c'est égal, nos soldats marchent tout de même,
« attaquant l'ennemi de nuit, de jour, sans répit
« ni trêve, jusqu'à ce qu'ils l'aient chassé de sa
« position. Quelle belle infanterie que la nôtre! »
conclut-il. Et comme nous nous associons à cette
appréciation, donnée par un artilleur à l'arme
sœur, j'en profite pour lui demander dans quelles
conditions il a pu opérer avec ses batteries dans
un terrain aussi difficile : « Vous ne vous imagi-
« nez pas, me dit-il, ce que nous avons été obli-
« gés de faire, allant quelquefois jusqu'à porter
« véritablement nos pièces à bras d'hommes avec
« le secours des fantassins. Les hommes étaient
« épuisés, les malades nombreux, les pertes
« cruelles. Songez que l'hôpital de *Velès* vient
« d'évacuer, du 17 juillet au 30, plus de 11.000
« blessés! Et cependant, nous combattions tou-
« jours, sans discontinuer, persuadés que notre
« ténacité aurait raison de nos adversaires. Mais,
« tout de même, les Bulgares sont de rudes sol-
« dats, et je ne puis que leur faire des compli-
« ments. Ce sont des adversaires dignes de nous.
« En treize jours, nous n'avons pu gagner que

« 6 kilomètres de terrain. Vous avez ainsi la me-
« sure des efforts que nous avons dû fournir! »

Mais cette causerie fatigue le pauvre blessé, que
le train secoue horriblement. Ses traits convulsés
font mal à regarder..., cependant il ne se plaint
pas et même il reprend la conversation; il parle de
la France, où pendant un an il fit un stage
d'études au 30ᵉ régiment d'artillerie, à Orléans;
nous évoquons maintenant le souvenir de camarades communs, nous réjouissant tous deux de la
belle et grande amitié qui rapproche l'armée serbe
de l'armée française, sa sœur aînée, et des multiples raisons de sympathie mutuelle et d'affection
qui les réuniront toujours, renforçant ainsi les
liens réciproques d'intérêt politique de nos deux
pays.

Les heures passent..., la nuit tombe et Belgrade
apparaît enfin.... Tandis que discrètement je
m'évade sur le quai de la gare, j'ai la vision à la
fois douloureuse et forte du vaillant soldat abandonnant cette fois toute contrainte pour s'atten-
drir en serrant sur son cœur ceux qui peut-être
ont pensé ne plus le retrouver. Je reverrai longtemps l'expression à la fois grave et joyeuse, faite
d'inquiétude et de douleur, mélangée aussi d'in-

finie reconnaissance, que revêtait le visage de Mme Nenadowitch *lors de l'arrivée du train*, et, laissant cette noble famille à sa joie douloureuse, je m'enfonçai dans l'ombre au delà de la gare, en murmurant malgré moi le mot qui console de tout et qui explique toute chose... « Pro Patria! »

CHAPITRE VII

L'armée roumaine

La douane hongroise. — Les négociations de Bucarest. —
Les opérations roumaines. — Les aviateurs d'Orhanjé. —
La cavalerie du général Bogdan. — Le prince Ferdinand
de Roumanie. — Le grand quartier général de Plevna.

Bucarest, 3 août.

Ce n'est pas sans une certaine peine que l'on
arrive à passer de Serbie en Roumanie. Pour li-
mitrophes et alliés que soient ces deux pays, les
nécessités du parcours obligent à emprunter le
territoire autrichien. C'est dire par là même à
quel odieux régime d'inquisition, d'inspection et
de contrôle nous nous trouvons soumis lorsque
par aventure nous avons affaire à la douane, aux
policiers et à la gent administrative de toute sorte
que l'Autriche et plus encore la Hongrie ont établie le long de leurs frontières.

Après le parcours tortueux et grandiose de la
passe de *Kazan*, véritable « percée héroïque » du
Danube entre Karpathes et Balkans, nous débarquons à *Orsova*. A peine le pied sur le quai, on

nous interroge, on nous demande mille papiers, pour un peu on nous fouillerait de fond en comble. Ah! c'est que nous venons de Serbie! Nul n'ignore la fraîcheur des relations des deux pays, et chacun sait que la police austro-hongroise qui veille aux frontières, vigilante et fidèle, s'applique consciencieusement à rendre les relations commerciales ou autres, aussi pénibles que possible aux pauvres voyageurs assez imprudents pour se risquer entre ses mains redoutables.

Mon appareil photographique excite au plus haut point l'attention. « Un appareil photographique! Tiens! et de quelle marque? Vous l'avez acheté à Paris? Et qu'est-ce que vous faites avec? (*sic*). »

Ashmead Bartlett qui m'accompagne n'est pas plus heureux. Dans ses bagages se trouve une petite machine à écrire portative. Le malheureux instrument fait l'objet d'une enquête aussi approfondie que minutieuse. Elle se termine par une phrase définitive du contrôleur des douanes : « Pourquoi voyagez-vous avec une machine à écrire? demande-t-il à mon confrère. — Parce qu'elle m'est nécessaire pour écrire mes télégrammes, répond Bartlett avec flegme. — On ne doit pas voyager avec une machine à écrire! s'écrie d'un ton tranchant l'employé, *das ist kein Reise-effect!* » Honteux et confus de notre ignorance, à ce sujet, nous avouons ne pas très bien saisir le pourquoi de cette interdiction, puis, résolus à ne plus amener le moindre éclat pouvant prolonger inutilement cette scène pénible, nous demeurons cois, très humbles, patients, désolés et stupides... en attendant la fin.

Celle-ci ne tarde guère au surplus et, enfin libérés des griffes des policiers de Sa Majesté l'Empereur et Roi, nous errons à notre libre gré dans la petite ville d'*Orsova*.

C'est la dernière garnison hongroise sur le Danube et précisément les troupes de honved qui sont ici sont en fête... on fête le départ pour les grandes manœuvres!

En attendant l'heure du train de Bucarest passant tard dans la nuit, nous prolongeons notre promenade à travers Orsova, quand, devant un hôtel d'assez bonne apparence, les accords d'un orchestre de tsiganes attirent notre attention. Pénétrant dans la salle du restaurant, nous la trouvons presque entièrement remplie d'une série de tables où festoient les officiers hongrois avec leurs familles. Fleurs, rubans, danses et champagne, sourires et flirts, rien ne manque à la soirée. Le contraste était trop dur, trop violent d'avec nos dernières heures passées en Serbie au milieu des blessés, des malades et des morts, et tout remplis encore des images terribles de la guerre, nous regardions ces gens s'amuser, folâtrer, chanter et rire, presque sans comprendre comment il se faisait qu'à côté de tant de douleurs on pût trouver tant de joie... tant d'insouciance aussi.

Un peu oppressé, je sortis. La nuit claire, lumineuse, rendait le Danube plus sombre, plus profond, plus mystérieux. Il courait rapide devant l'hôtel en liesse et, sur l'autre rive, face aux couleurs jolies des lumières multicolores de la fête hongroise, s'élevait très haute, noire et comme vêtue de deuil, avec ses grands arbres frémissants au souffle du soir, la berge du pays serbe silencieuse, hostile, menaçante...

D'un mot Bartlett traduisit nos communes pensées : « Ces gens-ci, dit-il, ne pensent pas à la guerre! ». Non, ils n'y pensaient guère ce soir, les brillants officiers de la honved hongroise... Ils partaient en manœuvres!... Pour eux, c'était une fête... un joyeux plaisir de vie... Sur l'autre rive du fleuve, on pense davantage à la mort et moins à la vie. On sait ce que c'est que mourir... Ici, nouvelle Turquie de la nouvelle Europe, on semble ignorer la mort et la souffrance... Insouciant l'on chante... Gare aux larmes demain, quand les durs montagnards du pays slave franchiront le Danube!

Bucarest, 6 août.

Bucarest la ville latine, romaine peut-être pas, mais très certainement française, vibre une fois de plus avec cette particulière résonnance qui lui est propre de tous les heurts, de tous les espoirs, de tous les déchirements et de toutes les menaces que les négociations de paix, si laborieusement conduites, font naître autour d'elle. Enfin, l'accord se fait... il est même fait, assure-t-on, en *ultima ora* de tous les journaux du soir.

Le télégraphe a, depuis longtemps, appris quotidiennement au monde la teneur et le détail de toutes les séances des délégués balkaniques de la conférence. Il paraît donc inutile d'y revenir, si ce n'est pour dire combien fragile et vain parut à certains moments l'espoir de paix. L'armistice conclu pour cinq jours le 31 juillet, fut péniblement prolongé avant-hier pour trois autres jours. Il expire vendredi à midi, et ce n'est dans l'intention de personne de le renouveler, si l'on n'aboutit pas. Mais l'on vient précisément d'aboutir, me confirme M. Spalaïkowitch, deuxième délégué serbe avec qui je m'entretiens. « Et, ajoute-t-il, c'est bien grâce à l'intervention de la France que nous devons la paix. » Ceci vaut d'être conté.

Nul n'ignore l'action efficace de notre diplomatie à Bucarest, où la France a eu l'heureuse fortune de trouver en son ministre, M. Blondel, le représentant le plus dévoué, le plus éclairé, le plus actif aussi, pendant les diverses tractations qui viennent d'avoir lieu ici. Petit à petit, mettant en face des Roumains et surtout du gouvernement du roi Carol, le faisceau des heurts, des « gaffes », pour dire le mot brutal, de la diplomatie autrichienne, notre ministre a su réveiller la véritable idée nationale, l'idée que la Roumanie n'était pas une vassale de l'Autriche ni de l'Allemagne, mais un Etat indépendant et libre, aux finances prospères, à l'armée vigoureusement entraînée et qu'elle pouvait, qu'elle devait même jouer le rôle à proprement parler lui convenant le mieux, c'est-à-dire celui d'arbitre du conflit bal-

Chambre d'un médecin serbe pillée par les Bulgares à Knjiajewatch.

Tué le 8/21 juillet à *Veliki Govredanik*, près de *Tsarevo-Selo*, dans les conditions suivantes :

Son régiment attaquait un plateau couronné par un petit bois, mais, contre-attaqué par les Bulgares, il dut céder du terrain. A 3 heures de l'après-midi, au moment où il se repliait, le colonel fut blessé de deux balles dans la région abdominale. Ses deux ordonnances et un clairon le traînèrent à l'abri du feu dans le petit bois. Vers le soir, les

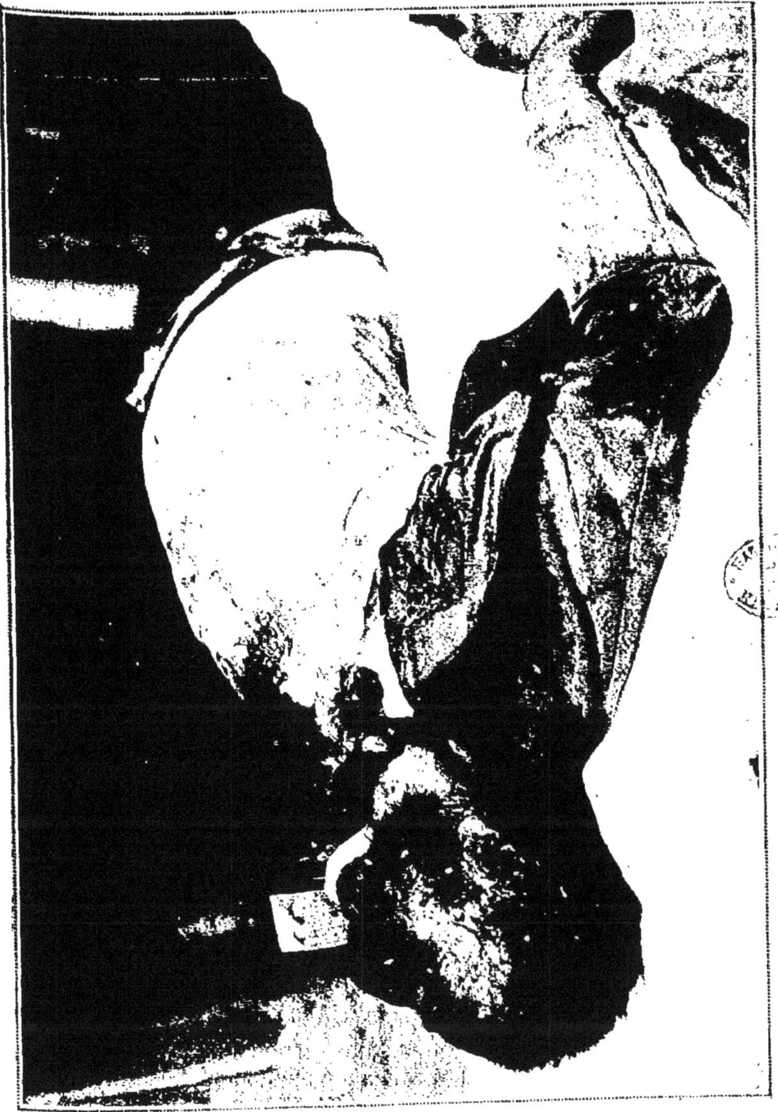

Colonel Radomir Arandgelowitch, commandant le 5e régiment d'infanterie supplémentaire de la division du Danube, IIe ban.

Serbes ayant repris le mouvement en avant, l'on découvrit le corps du colonel dans le bois. Il était mort assassiné d'un coup de revolver dans l'oreille droite à bout portant (visible sur la photo) et d'un coup de baïonnette dans le cœur. Les trois hommes qui accompagnaient le colonel ont été assassinés également. Le colonel portait la médaille pour le courage que le tsar Ferdinand lui avait donnée pour sa belle conduite pendant le siège d'Andrinople auquel il avait pris part.

kanique actuel. Tant que Sofia avait paru chercher appui à Pétersbourg ou à Paris, l'Autriche
poussait à l'intervention contre les Bulgares...
Mais il advint que la Triple-Entente, si influente
naguère dans les cercles politiques qui entouraient
le roi Ferdinand, fut délaissée pour le Ballplatz, et
qu'à n'en pas douter l'acte d'agression brutale du
29 juin fut suggéré de loin ou de près par la diplomatie du comte Berchtold. Si pour la Roumanie la question demeurait entière, si l'on pouvait
toujours parler à Bucarest des « revendications
légitimes », selon le mot d'André Tardieu, et de
la compensation du quadrilatère, il devenait cependant certain qu'à Vienne l'intervention roumaine si ardemment désirée jadis, devait être
désormais particulièrement redoutée.

Les manifestations qui la précédèrent et la mobilisation du 6 juillet se firent aux cris de « Vive
la France, à bas l'Autriche! » L'on sait quel
enthousiasme la guerre déchaîna dans le peuple
et la nation roumaine tout entière.

Le résultat élémentaire de cette intervention,
d'une certaine façon critiquable pour les Serbes,
mais infiniment avantageuse pour les Roumains,

fut la mise en demeure absolue, inéluctable, pour les Bulgares de solliciter la paix.

Mais l'action de la France ne s'est pas seulement bornée là. A cette nouvelle confédération balkanique si subitement reformée où la Roumanie prenait la place de la Bulgarie évincée, il fallait la consécration d'un acte diplomatique important. Il fallait une paix raisonnable et donnant cependant à ceux qui avaient combattu et souffert les légitimes compensations de leurs sacrifices : *Cavalla* à la Grèce, *Istip* et *Kotchana* aux Serbes.

La question de Cavalla vient d'être tranchée définitivement ce soir, les autres questions sont déjà résolues favorablement. Un moment rien n'allait plus. Si les délégués bulgares avaient bien abandonné *Cavalla*, il restait encore à solutionner la délimitation des frontières, en particulier dans la région au sud d'Ismilau que les Grecs ne voulaient pas abandonner pour des raisons stratégiques. Il y eut une suspension de séance pendant laquelle le général Coanda, inspecteur de l'artillerie roumaine, fit un exposé sommaire, mais, paraît-il, très complet et très net de la question, à M. Venizelos. Celui-ci hésitait, quand le ministre de France, intervenant, représenta au premier ministre hellène qu'à l'heure actuelle un million d'hommes sous les armes attendaient sa réponse et que, si aucune décision n'était prise, tout allait être remis en question, l'armistice expirant le lendemain.

M. Venizelos se tournant alors vers le général Coanda lui dit : « Vous me donnez votre parole d'honneur, mon général, que la couverture stratégique de *Cavalla* est réellement assurée si nous acceptons les propositions bulgares. » Et sur la réponse affirmative du général roumain, l'on rentra en séance, tandis que M. Majoresco annonçait : « Messieurs, l'accord est fait sur toutes les questions. »

L'on dit bien que dans un coin le général Fitchef murmura : « C'est la carte à payer. Il faut la régler. » Mais cependant l'accord semble certain et la paix sera signée dans trois ou quatre jours.

Il y avait aussi la question de la revision possible du futur traité. Mais sa conclusion avant que les puissances se soient mises d'accord en particulier, grâce à l'opposition toujours tenace que la France, par miracle en cette affaire, de pair avec l'Allemagne, semble y opposer, ne paraît pas laisser le moindre doute sur une pareille éventualité aussi puérile d'ailleurs qu'illogique.

« Tout est bien qui finit bien! » dit le proverbe, et cependant maintes fois un pessimisme général avait plané sur les négociations; beaucoup ne voulaient point croire à leur réussite. Moi-même, avant-hier, reçu par M. Take Jonesco, j'avais ressenti une impression fâcheuse : « Vous venez de l'armée serbe, monsieur, me dit le ministre. Eh bien? vous qui avez vu à l'œuvre toutes les armées des Balkans, que pensez-vous des Serbes? » La question, pour claire qu'elle fût posée, laissait évidemment transparaître une intention d'appréciation de la valeur marchande, si je puis dire, des occasionnels alliés de la Roumanie.

Aussi fût-ce avec d'autant plus de sincérité que je répondis à M. Take-Jonesco : « L'armée serbe est, à mon avis, et de beaucoup, la plus sérieuse et la plus belle des Balkans. Je ne connais point l'armée roumaine, Monsieur le ministre, aussi je puis donc parler des autres armées de la péninsule avec d'autant plus d'indépendance et d'autant mieux que j'ai successivement suivi les combats des principales d'entre elles. De même étoffe rude et primitive que le Bulgare, le Serbe, avec autant d'endurance à la souffrance et de bravoure devant la mort, possède sur ce dernier un immense avantage, c'est qu'avec toute la bonne acception du mot, il est un civilisé. Plus fin, plus intelligent, plus apte à la manœuvre que son adversaire, il possède néanmoins autant de courage et plus d'ardeur. Ce n'est pas un Mongol, c'est un Slave. L'organisation des troupes se ressent de cet état d'esprit supérieur. Elle est infiniment mieux comprise. Quant au commandement, pour une raison analogue, il m'a semblé faire preuve de la même supériorité. Il ne faudrait pas cependant exagérer sur ce dernier point, car le commandement bulgare, s'il a commis des erreurs graves, reste, somme toute, surtout dans la personne de son meilleur général, le général Dimitrief, un élément de force extrêmement redoutable. »

Je sortis de chez M. Take-Jonesco assez perplexe, d'autant que le ministre, avant mon départ, m'avait nettement posé la question suivante : « Eh bien, si la Roumanie n'avait pas mobilisé ou si aujourd'hui elle concluait séparément la paix avec la Bulgarie, pensez-vous que les Grecs et les Serbes triompheraient à eux seuls des armées bulgares? »

Je protestai, avec toujours autant de sincérité, que, pour moi, le succès des alliés, avec ou sans l'appui roumain, ne faisait aucun doute, et que d'ailleurs... ni les Serbes, ni les Grecs n'avaient attendu cette intervention pour inscrire à leur actif les succès que l'on sait.

Mais je m'en allai, là-dessus, fort sceptique sur la pureté des intentions du gouvernement du roi Carol, et cependant j'avais tort, car les dernières journées viennent, au contraire, de prouver que, comprenant son véritable intérêt, même au risque d'une guerre sanglante, la Roumanie formait bien réellement un bloc indissoluble avec les autres alliés balkaniques.

Orhanje, 8 août.

Je viens de solliciter, et j'ai obtenu, avec une relative facilité d'ailleurs, la permission de me rendre auprès des armées roumaines. Chaudement recommandé au ministère de la Guerre par notre sympathique et très remarquable attaché militaire le capitaine Pichon, je fus reçu, en l'absence du ministre occupé, par son secrétaire général, le général Valeano.

J'ai trouvé auprès de lui un accueil plus qu'empressé, — chaleureux — et malgré mon grade, cependant bien modeste, j'eus l'agréable surprise, auprès des plus grands chefs comme auprès de ceux qui, plus bas dans l'échelle de la hiérarchie, étaient de même ancienneté et d'âge semblable au mien, de trouver le même souci de manifester à l'unique représentant de l'armée française que j'étais alors, l'estime et l'affection qui règne à son égard dans le corps des officiers roumains.

L'autorisation de circuler librement, sollicitée par voie télégraphique au quartier général de l'armée, me fut accordée immédiatement et, dès ce matin, accompagné du capitaine aviateur Arion, une auto pilotée par un jeune volontaire du corps des automobilistes m'enlevait, m'emportant rapide, ailée, à travers les convois et la terrible poussière des routes de Roumanie, vers le pont de Turnu-Maguerele et Plevna.

Ce pont est une merveille de solidité et de rusticité tant il est simple. Etabli en moins de deux jours sur une série de gabarres du Danube de grandes dimensions, il semble défier le courant, qui est de 9 mètres à la seconde en cet endroit, et le fleuve même, large de plus de 800 mètres entre les deux rives.

Etroitement surveillé par deux monitors cuirassés mouillés de part et d'autre, jalonné de postes maritimes ou riverains, contrôlé par le service sanitaire, qui, en raison du choléra, ne laisse passer quiconque qu'après un sévère examen médical, le passage nous est cependant ouvert après avoir montré patte blanche et surtout après qu'un coup de téléphone annonçant ma venue eût été envoyé de Plevna à l'adresse du commandant d'étapes de Turnu-Magurele.

Il semble, en arrivant à Nikopol, qu'après avoir connu le sourire et la grâce de la civilisation la plus aimablement latine qui soit, l'on se trouve soudainement plongé dans le pays même de la barbarie et de la désolation. Vérité en deçà... erreur au delà..., barbares et raffinés se coudoient de part et d'autre du Danube sans se mêler, se jalousant de tout temps... exemple fameux et banal par ses contrastes, où il semble que le civilisé doive succomber dans le choc fatal d'avec le barbare et où nous voyions au contraire le latin, le roman, celui que j'ai quelquefois entendu traiter dédaigneusement de « mauvais italien », conserver toute sa force virile et jeune, égale à celle du Slave et l'améliorant sans cesse, en faire un emploi d'autant plus judicieux et raisonné que l'intelligence qui la dirige est plus vive, le cœur plus affermi.

Ce fut une grosse surprise que mon premier contact, aujourd'hui, avec l'armée roumaine. Tout paraît fonctionner sans heurts ni difficultés..., chacun s'y trouve à sa place, y remplissant exactement le cadre de son emploi.

L'organisation de l'armée y est conçue sur un style plus élevé que dans les autres pays balkaniques. Elle répond mieux à nos propres conceptions par l'emploi de corps d'armée rigoureusement semblables aux nôtres et aussi par une application plus large, plus intensive, plus intelligente de la mécanique moderne, téléphone, télégraphe et surtout automobilisme et aéroplanes, dont je dirai tout à l'heure les bienfaits récents pendant cette courte campagne.

Il manque, dira-t-on, à l'armée roumaine, la sanction indiscutable du feu. A l'exception de la division de cavalerie du général Bogdan, les régiments du roi Carol n'ont fait, en quelque sorte, qu'exécuter des grandes manœuvres, même pas..., des marches stratégiques tout au plus. Cependant, si la sanction d'aujourd'hui manque, je me suis rappelé celle d'hier, tout à l'heure, en montant à la petite chapelle de Grivitza et en visitant l'ossuaire des braves tombés là devant les tranchées turques.... Le peuple qui vient, en mobilisant, d'amener à l'armée un surplus de 200.000 réservistes sur lesquels l'on ne comptait pas et qu'il a fallu renvoyer dans leurs foyers malgré leurs protestations, n'est pas un peuple qui a dégénéré. Je crois que l'on aurait tort de ne point estimer la vertu guerrière des armées de la Roumanie à sa juste valeur.

En arrivant à Plevna, je fus immédiatement reçu par le général Averesco, chef d'état-major général du prince Ferdinand, qui avait manifesté un vif désir de me voir. Après quelques paroles de courtoisie échangées, le général voulut bien accéder à mes désirs d'errer suivant mon gré au milieu des cantonnements de l'armée....

« Malgré la sévérité, actuellement encore maintenue de la censure, me dit-il, je suis entièrement d'avis que vous voyiez tout ce qu'il sera humainement possible de vous montrer, afin de vous permettre de conserver une bonne impression de l'armée roumaine; pour commencer, je vais prier le chef du bureau des opérations de bien vouloir vous montrer ce que nous avons fait..., mieux même, ce que nous voulions faire si la paix, ou du moins l'armistice, ne nous avait pas arrêté sur les jarrets. » Je passai donc du wagon du général Averesco dans celui du colonel Arghiresco, où se trouvait établi le bureau des opérations des armées roumaines.

L'idée première, l'intention pour mieux dire, du commandement était d'occuper le quadrilatère avec une armée secondaire et, faisant une démonstration sur un point quelconque du Danube, de le franchir brusquement sur un autre point.

C'est ainsi que le 5e corps concentré en Dobroudja, renforcé d'une division de réserve, s'était porté en deux colonnes respectivement sur Baltchik et Turtukaï, occupant en même temps Dobritch avec la 10e division.

Pendant ce temps, la masse principale de l'armée était concentrée le long du Danube et au nord, entre Bechet, Korabia et Turnu-Margurele. Il y avait ainsi rassemblés les quatre premiers corps et deux divisions de cavalerie, plus deux divisions de réserve, la 1re et la 2e. Enfin, deux autres divisions de réserve formaient la garnison du camp retranché de Bucarest.

A dire vrai, y eut-il bien concentration? Je puis répondre hardiment que non, et quoique en principe ce procédé puisse être blâmé, dans le cas particulier où se trouvait la Roumanie, l'on eut quelque raison de procéder différemment.

Dès la première heure, dès la première minute, l'on a senti qu'il fallait aller vite et courir, sous une forme aussi rapide que possible, non seulement au secours des Serbes et des Grecs, mais aussi, mettant la main sur les débouchés des Balkans qui conduisent à Sofia, tenter de compléter l'encerclement de la capitale bulgare et d'établir la liaison avec les armées alliées.

L'absence d'ennemi, l'inanité de la résistance que pouvaient offrir les trois divisions de l'armée du général Koutintchef permettaient toutes les audaces. Obéissant donc à ce sentiment, qui est encore le meilleur de tous et que semblait impliquer d'elle-même, d'ailleurs, la situation, l'armée roumaine, dans un bel élan, s'élança au sud du Danube.

La cavalerie et le Ier corps passèrent à hauteur de Bechet, dans les bachots, des embarcations, des pontons de toute nature. Sitôt sur l'autre rive, autant pour couvrir le lancement du pont préparé à Corabia que pour reconnaître la situation de l'armée de Koutintchef stationnée vers Belogradchik, la 1re division de cavalerie du général Bogdan fut orientée sur Ferdinandovo. Le Ier corps suivit, obliquant vers le sud, se dirigeant vers Vratsa.

Derrière ce rideau, ou mieux cette flanc-garde, toute l'armée passa à Corabia. Le pont, préparé à l'avance, construit par portières de cinq bateaux métalliques accouplés, fut lancé en sept heures, ce qui paraît un résultat remarquable, étant donné la rapidité du courant et la largeur du fleuve.

En même temps, une démonstration de la 1re division de réserve sur Vidin contribuait à donner le change et à tromper l'adversaire sur les intentions de l'armée roumaine. Mais, à dire vrai, existait-il même encore ? Refluant devant la double poussée des Roumains et des Serbes, abandonnant à ceux-ci une brigade qui fut enlevée dans Belogradchik par les troupes du général Stepanovitch, le général Koutintchef se repliait en toute hâte vers Sofia par la route qui, de Ferdinandovo, mène à Berkovitza et, par la passe de Ginci, descend sur la capitale bulgare.

La tête des colonnes de l'armée avait déjà dépassé Ferdinandovo et, derrière la 5e division, venait de s'engager la 9e, quand le général Serakof, qui commandait cette dernière, vit soudain les crêtes se garnir de fusils et de canons autour des régiments d'arrière-garde, le 17e et le 34e, avec lesquels il marchait.

Dès le début de l'engagement, il se crut en présence de forces très supérieures en nombre; son moral, déjà fléchissant, s'abattit entièrement. L'on raconte même que les artilleurs bulgares se jetèrent sur leurs officiers, qui avaient commandé de mettre en batterie, et qu'ils commencèrent à les massacrer, que l'infanterie tira sur l'artillerie. Un télégramme du général Serakof fut intercepté, disant qu'il ne pouvait résister, ayant affaire à l'avant-garde d'un corps d'armée et à près de sept batteries d'artillerie.

Aussi sa surprise fut-elle grande lorsque, au lieu du corps d'armée annoncé, il se trouva le prisonnier, avec ses deux régiments et son groupe d'artillerie, des 3.000 cavaliers du général Bogdan, dont les escadrons, les batteries à cheval et les cyclistes, habilement employés, avaient si bien réussi cet excellent coup de main sur l'arrière-garde bulgare.

Ce fut le signal de la déconfiture la plus complète des troupes du général Koutintchef. En un clin d'œil, cette armée épuisée, surmenée, n'en voulant plus, se trouva réduite à rien ou presque rien, les hommes ayant fui à l'aventure, les uns se transformant en comitadjis, les autres désertant et rentrant placidement dans leurs foyers, comme j'en ai vu un certain nombre aujourd'hui, après qu'ils fussent désarmés par l'armée roumaine.

D'un bond, cette dernière vint alors border les Balkans, le I⁰ʳ corps à Orhanjé, tenant le col de Araba-Konak, le 4ᵉ corps à Etropol, avec la 2ᵉ division de cavalerie vers Slatitza; puis, en deuxième ligne, le 3ᵉ corps à Zumakof et le 2ᵉ à Lukovitz. Ce dispositif continuait à être flanqué par la 1ʳᵉ division de cavalerie à Berkovitza et la 1ʳᵉ division de réserve à Vratsa. Restaient encore disponibles la 2ᵉ division de réserve à Bela-Slatina et la 33ᵉ brigade indépendante de réserve à Plevna, où elle gardait le quartier général du prince Ferdinand.

En dix-huit jours, du 6 au 24 juillet, l'armée

roumaine s'était mobilisée, concentrée (ceci, il est vrai, peu ou prou) et, franchissant le Danube dès le 13, elle était arrivée à moins de 25 kilomètres de Sofia, à 60 kilomètres de l'aile droite hellène, ayant des fractions de cavalerie à Tatar-Pazardjik et jusqu'à 10 kilomètres de Philippopoli.

Ce résultat, pour exempt de combats qu'il fût, doit cependant mériter la plus grande attention, le plus grand éloge aussi.

Sans doute, tout ne fut pas absolument parfait; les approvisionnements firent, à un certain moment, défaut. La difficulté était grande évidemment d'assurer pendant les marches énormes que les corps eurent à exécuter pour arriver si rapidement sur les Balkans, un ravitaillement constant, exempt d'à-coups et de défaillances. La bonne volonté, l'excellente résistance dont firent preuve à ce sujet les troupes, sont d'ailleurs le meilleur garant de leur solidité et leur moral supérieur.

Ce moral, que je constate si brillant, s'est d'ailleurs manifesté par une mauvaise humeur constante chez les soldats lors de l'ordre d'arrêt de la marche; l'on était furieux de ne point s'être battu.... Il y avait maldonne.... L'on était parti pour combattre et aller à Sofia et voici que l'on

Le Prince Royal étudiant sa carte au quartier général
de Gradiste.

Les hommes de renfort (recrues surnuméraires)
dans les rues d'Uskub.

Convoi de blessés serbes après la bataille de la Bregalnitza.

Convoi de ravitaillement passant un gué.

ne se battait point et que Sofia restait une chose inconnue, à peine entrevue.

Je me trompe cependant : quelques hardis aviateurs, dont mon compagnon de voyage le capitaine Arion, à qui l'on a confié le soin de s'occuper de ma précieuse et encombrante personne, y sont allés; à la grande stupéfaction des habitants de la capitale bulgare, ils ont laissé tomber sur elle un parachute muni d'un pavillon roumain et de leurs salutations pour la population de la ville, suivies de leurs signatures. Le tour est original et témoigne d'une belle hardiesse, d'autant que le vent, ce jour-là, soufflait en tempête. Au demeurant, d'ailleurs, l'aviation roumaine est la seule qui puisse compter dans les armées balkaniques, et quand je dis aviation roumaine, je dis la Ligue nationale aérienne de Bucarest, dont le président est le prince Bibesco, mon hôte de ce soir. La ligue a, en effet, utilisé ses meilleurs pilotes, au nombre desquels l'un d'eux, le lieutenant Capsa, vient de se signaler non seulement comme l'émérite aviateur que déjà le monde entier des sports connaissait, mais comme un officier de première valeur sachant conduire une reconnaissance, ce qui n'est point d'ailleurs aussi facile que l'on peut bien le croire.

Les aviateurs du prince Bibesco payèrent d'ailleurs de leur personne. Plusieurs reconnaissances, dont j'ai les comptes rendus et les itinéraires sous les yeux, furent des prodiges d'audace et de témérité. Il y eut certains atterrissages scabreux en plein pays ennemi, où l'on dut, revolver au poing, remettre l'hélice en marche, tandis que quelques indigènes plus ou moins semblables à des bandits circulaient avec une insistance fâcheuse dans les environs.

Un accident fort grave survint au retour d'une reconnaissance, causé par les forts remous de l'air au-dessus du Danube. L'appareil, un Blériot, piloté par le capitaine Fotescu, et ayant pour observateur le capitaine Arion, tomba pour ainsi dire en chute libre. Par bonheur, aucun des deux officiers ne fut blessé, mais, le réservoir d'essence ayant pris feu, le capitaine Fotescu, empêtré sous les débris de l'aéroplane, allait subir le sort atroce de nos infortunés camarades les lieutenants Princeteau et de Grailly, quand le capitaine Arion, n'écoutant que son courage, saisit son compagnon par la tête et l'arracha des flammes, non sans que celui-ci ne demeurât grièvement brûlé.

Je les connais l'un et l'autre; ce sont deux héros, et la croix de la Vertu militaire, qui vient de leur être décernée, n'est que la trop juste récompense de leur dévouement.

Par contre, si la section d'aviation du prince Bibesco a rendu d'importants services, il est juste d'ajouter que la section strictement militaire, utilisant des appareils « Bristol » ou autres « Taube », ne fit absolument rien. Ici encore, une victoire de l'aviation française.

Berkovitza, 9 août.

Bien que la tentation soit forte, il me faut renoncer à être pris comme passager à bord d'un des avions de la 2ᵉ section d'aviation. Je crois que mes hôtes, autant que moi, eussent été désireux de me procurer ce plaisir, mais il y aurait, paraît-il, des inconvénients à risquer ma semi-diplomatique personne dans les nuages des Balkans et plus encore au-dessus de Sofia, où j'avais eu cependant quelque espoir de retourner ainsi par ce moyen aussi imprévu que nouveau. Quoi qu'il en soit, le commandement roumain s'y oppose et,

bien entendu, je dois m'incliner. En dédommage-
ment, le prince Bibesco nous emmène en auto,
Arion, Capsa et moi, au col de Araba-Konak, où
sa 80-chevaux nous grimpe avec la plus grande
aisance.

Chemin faisant, nous dépassons des régiments
d'infanterie du Ier corps qui reviennent en arrière.
Les hommes maugréent, paraît-il, et montrent la
plus détestable humeur de s'en aller sans en découdre avec les Bulgares. En arrivant au col,
nous y trouvons des grand'gardes qui occupent le
revers des pentes descendant sur la plaine bulgare ; celle-ci, dans une large éclaircie entre deux
contreforts boisés, nous apparaît large, blanche,
inondée d'une lumière un peu floue. A travers la
brume matinale, très loin, très confusément, l'on
distingue Sofia, formant au fond de la campagne
déserte comme une large plaque jaune. Les sommets neigeux du mont Vitocha clôturent l'horizon, et c'est pour moi comme un rêve de revoir
ces hautes montagnes, au pied desquelles je pas-
sais chez les Bulgares, il y a dix mois, au revers
desquelles, au milieu des Serbes combattant devant Kustendil, je me trouvais il y a dix jours. La
plaine immense me semble alors toute petite ; l'on

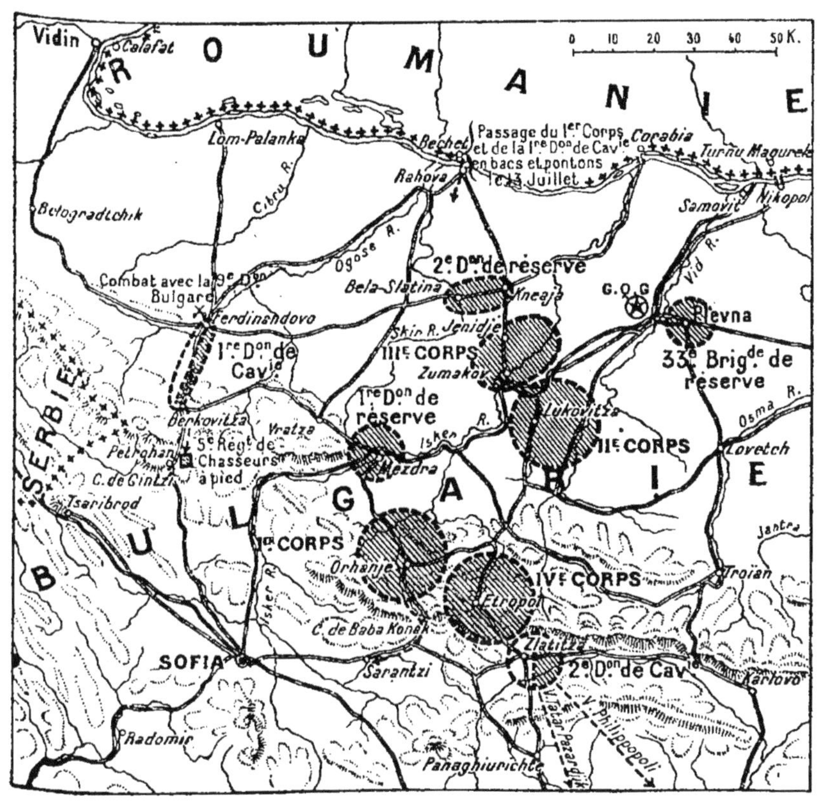

CROQUIS n° 7. — Opérations des armées roumaines.

a réellement la vision tangible, étroite, en parcourant des yeux le cercle infini qu'elle forme que, pour grande qu'elle apparaisse au regard humain, elle résume au seul coup d'œil qui l'embrasse la Bulgarie entière étroitement cernée, refoulée sur sa capitale, enserrée par les armées ennemies qui l'ont envahie de toutes parts…. Ici les Roumains, là-bas les Grecs, en face les Serbes et les Monténégrins, et puis, là-bas encore, les Serbes une deuxième fois….

Au sommet du col s'élève un monument célébrant le raid fameux de Gourko en 1877. Sur un médaillon de marbre, Arion achève de graver au ciseau : « Ici, la 2e section d'aviation de l'armée roumaine a franchi pour la première fois les Balkans…. » Car c'est un raid aussi, et nécessitant, dans ce nouveau domaine où il fut exécuté, peut-être autant d'énergie et de belle audace que celui du célèbre général russe.

Nous rentrons à Orhanjé; avant de quitter mes hôtes, j'ai la dernière vision de Capsa sur son Blériot se livrant en mon honneur au plus étourdissant cross-country aérien que j'aie jamais vu exécuter. C'est un pilote vraiment extraordinaire. Puis, à nouveau, l'auto du volontaire Einhorn nous reprend, et nous voici descendant sur Mezdra tout d'abord, où nous franchissons l'Isker, puis remontant sur Vratsa.

A Mezdra, nous nous arrêtons quelques instants pour prendre contact avec l'état-major de la 1re division de réserve, qui s'y trouve cantonnée. J'ai la bonne fortune de rencontrer le commandant du régiment d'artillerie divisionnaire, et je m'informe avidement auprès de lui des résultats jusqu'à présent donnés par les unités de seconde ligne roumaine dans la courte campagne qui s'achève. Il est, en effet, plus intéressant de s'enquérir du rendement obtenu par le réserviste roumain, très semblable au nôtre, que, dans un vain et fol examen, de chercher à comparer le réserviste serbe ou bulgare avec le réserviste français, dont la condition générale de vie, d'existence, est complètement différente.

Or, à n'en pas douter, la troupe, surtout l'artillerie, pour bien encadrée qu'elle soit, a donné quelques mécomptes, vite atténués d'ailleurs par les premiers jours de marche et de campagne, mais qui suffisent à en proscrire l'emploi en première ligne dès le début des opérations.

Nous continuons notre randonnée : à Vratsa,

Arion m'explique les raisons de l'épidémie de choléra qui vient de s'abattre sur l'armée roumaine. C'est ici, en raison du contact avec un hôpital souillé par les cholériques bulgares revenus de Tchataldja ou d'Istip, que le redoutable fléau a pris naissance. Il me semble que l'effet moral produit dans l'armée par son apparition est très vif; on le redoute plus que les balles.... J'ai beau dire en riant à mes interlocuteurs que l'on vit très bien avec cela, que, depuis près de dix mois que je suis les opérations de guerre aux Balkans, j'ai presque constamment vécu au milieu des cholériques et que je ne m'en porte pas plus mal!... Je sais trop bien par moi-même quelle sinistre inquiétude la terrible maladie répand autour d'elle, pour pouvoir longtemps insister ainsi.

Avant que d'arriver à Berkovitza, notre gîte pour ce soir, nous passons au petit village de Vrsec, où nous découvrons la chose la plus étonnante que l'on n'ait jamais vue en Bulgarie... un établissement thermal, avec piscines de marbre, salles de douches carrelées de faïence, électricité, tout le confort moderne en un mot, et ceci à moins de 100 kilomètres de Sofia, au centre d'un pays où les prodiges de la civilisation sont rares...

et la propreté douteuse. C'est ainsi cependant et, tandis que nous le visitons, nous demandant par quel miracle cette luxueuse installation a pris naissance ici, le gardien qui nous guide nous explique longuement que c'est une société qui a entrepris l'affaire et que l'établissement lui a déjà coûté 3 millions de leï, mais qu'en revanche il rapporte peu, autant dire pas du tout, vu qu'en Bulgarie l'on se lave rarement et que l'affadissante mode d'aller aux eaux, si en honneur chez les Occidentaux efféminés, n'a point de cours ici.

J'observe notre homme pendant qu'il cause; c'est un Tartare au visage jaune, aux yeux bridés, aux pommettes saillantes. A brûle-pourpoint, je lui demande : « Pourquoi n'es-tu pas au régiment avec l'armée du tzar? » Il hésite, puis il répond qu'étant soutien de famille il s'est exonéré en payant une taxe annuelle de 20 leï. Je n'insiste pas. Il y a de fortes chances pour qu'il ait menti, puisque, dans une réponse, jamais il ne s'est vu qu'un Bulgare n'ait altéré quelque peu la vérité.

Au fait, c'est peut-être un de ces nombreux déserteurs que nous rencontrons de ci, de là, nous observant avec des yeux de fauve et découvrant, lorsqu'on les interroge, une série de dents aiguës comme celles d'un chat. La campagne est pleine de ces gens, et le général Bogdan, avec qui je m'en entretiens à mon arrivée à Berkovitza, me confirme qu'à maintes reprises des isolés, des estafettes, particulièrement des cyclistes, sont les victimes de ces rôdeurs, plus ou moins comitadjis, déserteurs ou simplement voleurs de grand chemin.

Ils sont là sur le bord de la route, regardant passer avec une sorte d'effarement les puissantes autos roumaines, toujours prêts à vous saluer ou à vous tuer, c'est selon, et, quand ils lèvent la main, l'on ne sait jamais si c'est pour ôter leur bonnet de fourrure ou pour vous ajuster....

Berkovitza est le siège du quartier général de la 1re division de cavalerie. Composée de six régiments de roshiori armés de la lance, de la carabine et du sabre, elle comprend également une compagnie cycliste de 180 fusils et trois batteries à cheval de 75 $^m/_m$ Krupp. C'est une belle et puissante unité, dont le chef, le général Bogdan, ancien saumurien, me paraît synthétiser dans sa personne élégante et fière l'âme et l'ardeur tout entières de ses troupes. Nous dînons, invités par le général, à la droite duquel j'ai l'honneur de me trouver, et, comme si ce fût en France, un soir de manœuvres, l'on évoque à la popote les images familières de Paris, des potins à l'ordre du jour, des questions plus graves aussi. La première demande est toujours celle-ci : « Eh bien! est-ce que la loi de trois ans est votée en France? » Et comme je réponds affirmativement, c'est partout comme un soupir de soulagement, une oppression qui s'en va, un bruit de chaînes brisées qui tombent.... Ainsi s'élève, au lointain de la Patrie, la résonnance de sa fière attitude, prise au lendemain de la menace allemande. La France n'était plus la petite France des déboires et des humiliations de jadis, mais la grande et glorieuse nation qui, de son effort puissant, affirmait à tous par un acte de belle énergie et de sacrifice sa volonté de rester ce qu'elle a toujours été, l'idéal de liberté et de lumière vers qui tous les yeux se tournent au moment de la détresse. Dans ce petit coin de Bulgarie, au milieu des cavaliers du roi Carol, je sentais en moi comme une grande joie, une grande fierté, un grand soulagement de dire, avec le sentiment tranquille de notre force désormais retrouvée : « Oui, la loi est votée... votée et acceptée d'enthousiasme par notre pays! » Et, regardant l'horizon clair où un croissant de lune luisait d'étranges reflets métalliques, il me semblait y voir étinceler, nue et brillante, l'épée même de la France qui, jusqu'à plusieurs centaines de lieues de la Patrie, s'étendait sur le monde, symbole de justice et d'équité succédant à la lourde et pesante hégémonie que le poing du chancelier de fer avait trop longtemps fait peser sur l'Europe.

Plevna, 10 août.

Grâce à l'amabilité du général Bogdan, j'ai pu visiter tout à loisir les cantonnements de plusieurs escadrons de la division. L'impression ressentie est très forte; non seulement l'ordre le plus parfait règne partout, mais l'excellent état des hommes et des chevaux, la discipline exacte et minutieuse de la troupe montrent assez la perfection de la belle unité que constitue cette division de roshiori.

A 9 heures, un service religieux réunit les escadrons des régiments cantonnés le plus à proximité du quartier général. Les troupes sont formées en carré, au centre duquel un pope officie sur un autel improvisé. Lorsque le général arrive, les

honneurs lui sont rendus par les fanfares, tandis
que les troupes présentent le sabre.

A l'issue du service, le général me fait prier de
me porter à ses côtés et, donnant un ordre, les
régiments se forment en colonne et défilent devant nous. L'impression reçue dans l'inspection
de détail que tout à l'heure j'avais passée dans les
cantonnements s'accroît davantage devant la belle
ordonnance des escadrons et des batteries qui passent à notre hauteur. Devant ces soldats à l'aspect
à la fois si fin, si intelligent et si rustique cependant, ces officiers à l'attitude très française, très
nôtre, au point que je ne les distinguerais point
de mes camarades, n'était leur uniforme, j'ai la
perception nette de ce qu'est et de ce que vaut
l'armée roumaine. Elle est, à n'en pas douter,
celle que j'ai vue jusqu'ici ressembler le plus à
l'armée française, et je ne crois pas lui faire un
médiocre compliment en parlant d'elle ainsi!...

Puis comme disant mon admiration pour les
belles troupes qu'il commandait au général Bogdan, je le quittais en exprimant l'espoir que bientôt nos pays, si semblables par le sang, resserre-
raient encore davantage le rapprochement déjà
commencé par l'alliance avec la Serbie et la Grèce

et la guerre contre les Bulgares, le général, entre haut et bas, me dit : « Mais vous enfoncez des portes ouvertes, mon ami; seulement, vous savez bien, il y a chez nous une question dynastique qui s'est trop longtemps heurtée au désir qui nous hantait tous.... Nous y viendrons cependant et vous reverrez des officiers roumains à Saint-Cyr, à Saumur, ainsi qu'à l'Ecole de guerre. »

Je quittais l'aimable général sur ces paroles de bon espoir et, reprenant la route de Vratsa, je m'enfuis avec Arion vers le nord, abandonnant avec regret le front roumain pour regagner le grand quartier général et enfin Bucarest.

Mais le télégraphe, mis à la disposition de la renommée aux cent bouches, avait annoncé ma présence à tous les états-majors, ou peu s'en faut, et c'était à qui se disputerait le plaisir de posséder l'officier français que la fortune faisait errer de par les chemins de Bulgarie au milieu des cantonnements de l'armée roumaine. A divers endroits, des officiers apostés sur notre route avaient l'ordre de m'amener mort ou vif à leurs quartiers généraux. C'est ainsi qu'après avoir frôlé la 2ᵉ division de réserve à Bela-Slatina, j'arrivais vers les 5 heures du soir à Jenidjé, où se trouvait le général Georgiescu, commandant la 5ᵉ division du 3ᵉ corps.

Le général, qui cet hiver avait bien voulu s'intéresser aux modestes notes de voyage que je publiai alors sur mon séjour antérieur à l'armée du général Radko-Dimitrief pendant la campagne de Thrace, avait manifesté un vif désir de me connaître. La très longue conversation que j'eus avec lui me laissa l'impression d'un homme profondément instruit des choses militaires et non point de cette science purement livresque et indigeste qui est un peu l'apanage du « grosse general Stab », mais bien plutôt de la saine et seule philosophie que la guerre comporte, c'est-à-dire de l'étude du moral de l'homme qui combat. Il me rappela le nom et les opinions du général Cardot, dont il admirait la clarté et la netteté d'observation et de jugement.

Le général me retint à dîner et, pendant le gai repas, pris en plein air sous un ciel radieux tout parsemé d'étoiles, une excellente musique d'un des régiments de sa division joua d'une manière exquise et profondément sentie plusieurs morceaux de nos opéras en vogue. J'ai encore le souvenir d'une variante de la *Tosca* qui fut un délice.

L'on demanda ensuite la *Marseillaise*, puis le général se levant et s'adressant à ses officiers, dit en quelques mots que je sentis très vrais et très sincères dans la bouche loyale qui les prononçait, son attachement « à la France et à sa valeureuse armée »…. Très ému, je compris que, nonobstant ma mince individualité, il fallait y aller moi aussi de mon petit discours et — Dieu me pardonne mon peu de modestie! — j'étais tellement plein du sujet que ça alla très bien…. Mon cri de « Vive l'armée roumaine! » suscita de nombreux hourras en l'honneur de l'armée française et de son très indigne représentant.

Il n'est malheureusement si bons amis qui ne se quittent et l'implacable Arion m'arracha des bras de mes hôtes en me répétant plusieurs fois : « Il nous faut trois heures encore pour gagner Plevna! »

Nous disparûmes bientôt dans un nuage de poussière, volant à toute allure vers le nord. Notre arrivée, vers minuit, dans la ville endormie n'alla pas sans quelque encombre, car il fallait nous loger. Cependant, après avoir été casés tant bien que mal par le dévoué commandant d'étapes, je me mis à jeter rapidement quelques notes sur

Gabarre du Danube où l'on emmène les ex-prisonniers turcs délivrés par les Roumains.

Passage du Vid par une batterie d'artillerie roumaine.

Passage des premières troupes roumaines sur le pont de bateaux
de Corabia.

Artillerie roumaine au bivouac.

mon carnet, lorsque je m'aperçus, en regardant furtivement autour de moi, que j'étais installé dans le propre bureau de l'ancien commandant bulgare de la division de Plevna... et je me rappelais... dix mois auparavant, mon arrivée à Soukioun, sous les murs d'Andrinople, ma présentation au général Serakof... « le commandant de la division de Plevna », disait-il fièrement.... Pauvre général... après avoir eu sa division à demi détruite à l'attaque d'Ileretabia, pendant la grande bataille de Tchataldja, ne vient-il pas de la voir s'évanouir, s'enfuir, anéantie, dissipée comme la brume chassée par le vent, devant les cavaliers du général Bogdan... et lui-même, prisonnier, captif, n'a-t-il point dû revenir en ce même Plevna, le propre siège de son commandement... peut-être dans le bureau qui était le sien et où je reposais maintenant! — Etonnant contraste! synthétisant dans son absolue simplicité le degré de grandeur et d'abaissement où la nation bulgare s'est vue successivement amenée par son énergie farouche, puis son inconcevable folie.

Bucarest, 11 août.

Ce matin, avant de quitter le grand quartier général de Plevna et l'armée, j'eus le très grand honneur d'être reçu par Son Altesse royale le prince héritier Ferdinand de Roumanie. Dès qu'il m'aperçut, le prince s'avança très cordial, tout souriant, vers moi, et, me serrant la main, s'informa si, conformément à son propre désir, toutes facilités m'avaient été données pour voir l'armée roumaine. Sur ma réponse affirmative, le prince me demanda alors ce qui m'avait intéressé davantage. « A n'en pas douter, Monseigneur, lui dis-je, c'est la division de cavalerie du général Bogdan. Il est vrai que, appartenant moi-même à l'état-major d'une division de cavalerie, je suis plus enclin à m'intéresser à une unité semblable. Cependant, je dois dire que j'ai reconnu là une troupe réellement magnifique et qui éveillerait plus d'un sentiment jaloux chez quiconque, impartialement, la jugerait et la comparerait mentalement aux siennes.

« L'aviation également, Monseigneur, m'a donné une forte impression de ce que peuvent et savent faire vos pilotes. C'est, évidemment, la

seule et la première fois que l'on a utilisé l'aéroplane en grand, autrement qu'en des manœuvres,
car je compte pour peu de chose ce que les Ita-
liens ont fait à Tripoli; tandis que, nonobstant le
manque de combat qui a caractérisé cette campagne, vos aviateurs ont toujours volé au-dessus du
pays ennemi... un pays où la moindre panne pouvait amener la mort, car les Bulgares.... »

... « Oui, ce sont des gens sanguinaires, de véritables Mongols, interrompit le Prince. Il est
incroyable de voir des hommes de religion chré-
tienne se livrer à de pareils excès!... Vous qui
venez de l'armée serbe, vous avez dû être témoin
de choses horribles, inouïes dans ce genre! » Et,
comme je racontai les atrocités d'Istip et de Krivolak, « c'est épouvantable! quels barbares! »
ajouta le Prince.

Puis, passant ensuite à un ordre d'idées plus
strictement militaire, le prince Ferdinand m'ex-
prima un avis sensiblement conforme à tout ce
que j'avais déjà entendu dire sur l'emploi des
divisions de réserve : « Le corps d'armée à trois
divisions est un peu lourd ainsi, et puis il est
réellement fâcheux de mélanger de belles et
bonnes unités actives avec des éléments moins

bien encadrés, moins homogènes, moins solides. Il faut les maintenir à part, leur donner le temps de s'assurer une cohésion suffisante et ne les employer qu'après. »

Le général Averesco, qui me reçut immédiatement après que j'eus pris congé du prince Ferdinand, confirma d'ailleurs cette opinion que, seuls les incompétences ou les gens de mauvaise foi songent encore à discuter.

Le chef d'état-major me confia ensuite quelques-unes de ses intentions sur la réorganisation de la cavalerie, songeant, me disait-il, à organiser deux divisions à trois brigades chacune, mais où l'une des brigades serait des dragons, dans le sens antique du mot, c'est-à-dire des fantassins montés, particulièrement destinés à combattre à pied, mais susceptibles néanmoins de galoper et de mettre le sabre à la main dans une mêlée.

Cette idée, en somme discutable pour la Roumanie, qui peut faire la guerre en Bulgarie ou en Hongrie, deux pays fort dépourvus de routes, ne saurait trouver son application en France, où le groupe cycliste répond mieux à une pareille nécessité.

Du bureau du chef d'état-major, je passai

enfin dans celui des opérations, où à nouveau
l'on répondit avec la plus extrême obligeance à
toutes mes questions.... Cependant, pour aimables
que fussent ces messieurs... il y avait là quelque
raideur... quelque chose que, sans détour, j'expri-
mai à Arion — car c'était si différent de l'accueil
charmant, empressé de partout ailleurs... il
m'avait, en quelque sorte, semblé que j'entrais
dans un état-major allemand... et c'était à la fois
vrai et faux, car ces Latins ont bien appris la
guerre en Allemagne, mais ils la font avec un
tempérament qui est nôtre....

Ah! pourquoi faut-il que les soldats roumains
défilent au pas de parade?

CHAPITRE VIII

Conclusion

Situation au moment de l'armistice. — Etude de l'armée
serbe. — Comparaison des armées serbes, bulgares, turques et roumaines. — La situation politique générale
des Balkans après la paix de Bucarest.

Le 31 juillet au matin, le canon tonnait encore
avec violence sur tout le front de la IIIe armée
serbe arrêtée face aux positions bulgares du Tchou-
kagolek; plus à l'est, vers le front Luka - Petchovo, les Grecs poussaient avec vigueur les fractions bulgares de toutes parts enserrées dans un
demi-cercle qui aurait pu leur être fatal, autour
de Tsarevo-Selo. La situation fort mauvaise pour
les alliés, le 28 juillet au matin, en raison de
l'inactivité des Serbes, cause du recul des Grecs
pendant la précédente période, était devenue soudainement, infiniment meilleure grâce à l'énergique attitude de la colonne hellène du centre se ra-
battant à gauche et aussi, il est juste de l'ajouter,
grâce à la coopération beaucoup plus active de la
IIIe armée, depuis qu'un ordre d'attaque énergique
l'avait conduite à agir vigoureusement le 29 au

matin. C'est sans doute la raison, « l'*ultima ratio* » qui, malgré leur demi-succès du 28, conduisit les Bulgares à demander la suspension des hostilités et à entrer franchement cette fois dans la voie des négociations. Il était temps, en effet, de mettre fin à une lutte dont l'issue ne pouvait être douteuse; les reconnaissances de cavalerie roumaines étaient arrivées à Tatar-Pazardjik et près de Philippopoli à quelques dizaines de kilomètres des colonnes hellènes arrêtées près de Djoumaja. Le cercle des armées ennemies allait toujours se refermant davantage, c'était l'étouffement, l'écrasement définitif... il fallait céder. Ainsi, en trente jours, le fruit d'une longue et pénible campagne contre les Turcs, mieux encore de presque trente années d'un règne toujours orienté vers le but suprême du rétablissement de l'empire de Byzance, ce fruit était perdu et une deuxième campagne malheureusement engagée, faisait choir le tzar Ferdinand de la destinée la plus haute, dans la plus lamentable situation qui se puisse concevoir. Décevant exemple de ce que l'orgueil, poussé au delà des limites de la moyenne raison, peut amener chez un homme que tous s'accordaient à reconnaître comme un politique avisé et une très vive intelligence. Sa responsabilité sans doute se trouve dès maintenant atténuée et le sera certainement bien davantage devant l'Histoire, car s'il se résolut à l'inique agression du 3o juin, c'est qu'il dut céder aux efforts continuels et à l'impérieuse mise en demeure que devait exercer sur lui la coterie macédonienne alors au pouvoir, auteur véritable des fautes que la Bulgarie devait expier si cruellement. Il fallait traiter. Le pays excédé de souffrances poussées jusqu'aux dernières limites, était en quelque sorte replié sur lui-même, la population était refoulée dans cette vaste plaine de Sofia que je contemplai, du haut du col de Araba-Konak et qui, toute petite cependant, apparaissait comme le cirque trop étroit où tout un peuple cerné s'agitait vainement désormais contre ses adversaires victorieux l'encerclant de toutes parts.

Ceux-ci, il est vrai, avaient aidé de façons fort inégales, au triomphe commun, les uns ayant combattu longtemps, durement, péniblement, les autres n'ayant fait qu'apparaître sur les derrières d'un adversaire déjà à terre et dont il n'y avait plus qu'à recueillir les dépouilles. Sans vouloir méconnaître la valeur et l'énergie dont les divisions hellènes firent preuve, contrairement à l'ironique attente que l'on avait préconçue d'elles, je crois cependant que les véritables vainqueurs militaires, mais non point politiques, de la guerre sont la Serbie et son armée.

C'est assurément de toutes les armées que j'ai vues combattre et lutter depuis dix mois dans les Balkans, celle qui m'a parue la plus digne d'éloges. Elle mérite une étude d'autant plus attentive que dans une autre lutte, plus grave pour les Serbes, puisque c'est de celle-là que sortira le fondement de leur future puissance par la reconstitution définitive de l'ancien empire du tzar Douchan, dans une lutte, dis-je, où nous-mêmes ne serons point spectateurs désintéressés et où nous aurons à combattre sur le Rhin pour reporter les frontières de France là où étaient celles des Gaules, cette armée jouera sans aucun doute un rôle fort important.

L'étoffe qui la compose, la chair qui l'anime, le soldat en un mot, est évidemment de première valeur. Aussi rustique, aussi rude de tempérament et de caractère, que le soldat bulgare, le soldat serbe est incontestablement très supérieur à celui-ci par ses qualités du cœur et ses qualités morales.

Ce n'est pas à dire évidemment que le carac
tère du Serbe ne soit que douceur et enchante-
ment. Cependant, par sa culture plus avancée, il
demeure plus sympathique, plus près de nous
que le Bulgare. Le naturel du troupier est assez
gai et confiant. Sa sobriété est extrême et ceci lui
fut souvent d'un merveilleux secours, car si dans
l'ensemble les distributions de vivres se faisaient
dans des conditions normales, combien de fois,
ainsi d'ailleurs qu'il est inévitable que cela se
produise dans une campagne quelconque, n'a-
vons-nous pas vu les hommes obligés de se con-
tenter d'un maigre morceau de pain et d'une quantité de viande infime. Je dois dire cependant que
ce fut l'exception.

Auprès de tant de qualités de premier ordre, il
n'est pas sans avoir également quelques défauts.
Ce que surtout je reprocherais au Serbe, c'est une
sorte de nonchalance fort orientale qui l'amène,
même au milieu des événements les plus graves à
une absolue insouciance de ce qui se passe. Nous
en avons un témoignage assez évident pendant la
bataille de la Bregalnitza où l'on perdit complètement le contact pendant le combat, ignorant ce
qu'était devenue l'aile gauche bulgare. Or, ceci

provient assurément de la négligence des fractions qui, précisément au contact, n'auraient jamais dû perdre de vue l'ennemi, ce qu'elles ne firent point, restant profondément ensevelies dans les tranchées, où elles se terraient sans même jeter un coup d'œil dans la direction de l'ennemi.

Je ne veux point non plus avoir l'air de médire du courage très réel et très beau du soldat serbe; pourtant l'on salue les balles et les obus là-bas, tout comme ailleurs et je n'ai jamais observé de ces actes tellement extraordinaires de courage sur lesquels si complaisamment l'on s'étendait. Non! nous avons aussi bien que cela en France et nous n'avons pas besoin d'aller chercher en Orient des exemples incessants d'une quantité de vertus guerrières qui se rencontrent à un degré aussi élevé chez nous.

Sur les lignes serbes, comme sur les lignes bulgares, la peur se trahissait devant la mort à mille indices, toujours les mêmes, ...exécution de travaux de campagne qui pour être, à la rigueur, utiles n'en demeuraient pas moins superflus... nulle envie de quitter ces tranchées où l'on était à l'abri de tout, pluie et balles, vent et obus..., esprit défensif qui en résultait malgré tout, la peur du danger étant toujours le commencement d'une sagesse tellement expectante et puérile que nécessairement elle engendrait la moindre envie de se porter en avant... Je dois même avouer ma surprise lorsque, parcourant les lignes d'Egri-Palanka en compagnie d'officiers d'état-major, je les entendais à chaque instant s'extasier sur la force de la position occupée, sur l'évidente impossibilité qu'il y avait pour les Bulgares à enlever (!) cette position... Et quand stupéfait je leur parlais de la continuation de l'offensive déjà commencée à la Bregalnitza, ils me répondaient qu'en bonne stratégie, il fallait aller à la bataille tous ensemble et attendre les Grecs, d'ailleurs que c'était bien au tour de ceux-ci de se faire casser la figure, etc. Au surplus, l'intention était claire et, ainsi que je l'ai dit plus haut, l'on ne voulait plus se battre... donc toutes les raisons étaient bonnes pour ne plus le faire.

Le mobile en était, outre une lassitude que motivaient évidemment dix mois de campagne relativement pénibles, une absence bientôt devenue totale de sentiments de haine entre les deux adversaires. Sans doute, l'attaque du 30 juin avait excité au plus haut degré la colère et le désir de la vengeance dans le cœur de chacun et c'est de ce sentiment puissant qu'est faite la redoutable impulsion qui jeta les divisions serbes sur le Drenek et la cote 550 d'abord, sur Raïtchani ensuite. Mais la victoire venue, le souvenir cuisant des agressions présentes et des anciennes défaites de 1885 apaisé, il ne subsista que peu de choses des amers ressentiments du passé et l'on n'eut plus au cœur qu'une hâte indicible d'en finir au plus tôt, pour enfin voir cesser le cauchemar de cette guerre cruelle qui causait tant et tant de ravages, tant de deuils aussi....

Ce n'était pas seulement les officiers, l'état-major et ceux qui m'entouraient qui pensaient ainsi, mais l'armée entière, tous les soldats assoiffés de paix et ne combattant plus que parce que le devoir ou l'évidente nécessité de terminer honorablement la guerre le commandaient.

De même que les officiers bulgares, les officiers serbes m'ont très souvent frappé par leurs sentiments amicaux, fraternels même, entre eux et leurs hommes. La discipline serbe est très ferme et d'ailleurs parfaitement observée partout, mais d'autre part fort empreinte de bonhomie et de douceur. Nulle part, je n'ai vu l'officier aussi près de sa troupe, même pas en France. L'ensemble formait évidemment un corps puissant, vigoureusement constitué et d'une belle âme. Au mois de juillet 1913 cependant, après seulement dix mois de campagne, ce corps fatigué, épuisé, aspirait au repos. Cette simple remarque montre assez bien ce que sont, au fond, ces armées balkaniques, rudes sans doute, et d'une belle résistance, mais aptes à un assez prompt affaissement. Les armées de la République et de l'Empire étaient moins épuisées, moins fatiguées après dix ans de campagne à travers l'Europe, que celles du roi Pierre après dix mois de guerre en Macédoine (1).

. L'organe directeur, je veux dire le haut commandement et les états-majors, offrait-il une mentalité semblable ou bien, réagissant au contraire, était-il à même d'enflammer à nouveau les troupes, de les exciter à une nouvelle dépense d'énergie et de les mener par des procédés rationnels et raisonnés, à de nouvelles victoires? Il

---

(1) Elles ne sont d'ailleurs nullement comparables : les unes sont des milices ; les autres, composées de vieux soldats, étaient et resteront le type le plus complet, la quintessence d'une armée vraiment digne de ce nom, c'est-à-dire d'une armée de métier.

semble bien que non; plus encore que l'esprit guerrier de la troupe, celui du commandement s'effondrait, s'effritait tous les jours davantage.

Comme tous les Serbes qui ont du cœur, et ils en ont tous, le commandement, au lendemain de l'attaque de nuit du 30 juin, réagit violemment et dans un splendide mouvement de rage et de colère lança toute l'armée à l'attaque des Bulgares déjà épuisés, puis lorsque cela fut fini, l'on s'accoutuma trop à penser en haut lieu que tout était complètement fini et que la guerre n'avait plus d'objet.

Cependant tous avaient reçu une formation très sérieuse, tous avaient travaillé, les uns en Russie où peut-être ce qu'ils apprirent est discutable, mais à tout le moins les autres en France, pays où, jusqu'à plus ample informé, règnent en somme des idées assez saines sur l'art de la guerre. Le nombre de leurs officiers d'état-major sortant de nos écoles est cependant très restreint, en tous cas, ce sont nos idées, nos méthodes qui sont le plus en faveur, les plus écoutées, les plus admises.

Le haut commandement était représenté par S. M. le roi Pierre Ier qui, dans le fait, donnait délégation de ses pouvoirs au voïévode Poutnik,

Envol du lieutenant-aviateur Capsa à Orhanjé.

Monument de Gourko au col de Araba-Kouak.
Sur le socle, trois aviateurs roumains (de la gauche à la droite)
Prince BIBESCO, Capitaine ARION, Lieutenant CAPSA.

Artillerie roumaine.

Camp d'infanterie roumaine.

généralissime effectif de toutes les armées. Le Roi d'ailleurs ne quitta pas Belgrade où sa présence était des plus nécessaires en raison des importantes tractations diplomatiques qui s'y étaient engagées dès le début de la guerre, tandis que le grand quartier général du voïévode s'établissait à Uskub.

Le voïévode paraît avoir été un homme de décision aux moments opportuns. Il m'est naturellement difficile de l'apprécier étant donné que je ne l'ai que rarement aperçu, sans l'approcher suffisamment pour m'en faire une idée exacte. Je n'ai guère non plus de renseignements sur la personnalité de son major-général, le général Mitchich, homme très travailleur, très consciencieux, m'a-t-on dit. L'officier qui, sans contredit, réalisait au grand quartier général serbe le type le plus accompli du chef à la décision prompte et sûre était le colonel Pavlowitch, chef du bureau des opérations. Esprit lucide et calme, c'est lui qui pressentant l'attaque bulgare, dès la fin de mai, fit exécuter la concentration du 6 juin, puis celle de la fin du mois le long de la Bregalnitza, mettant l'armée serbe en mesure non seulement de se défendre, mais constituant un gros, une

masse, d'être en situation d'attaquer s'il était nécessaire. C'est de lui que proviennent les ordres
des mouvements de conversion vers le nord, exécutés si rapidement du 9 au 15 juillet. Il est probable que l'expectative et l'inaction qui suivirent
ces mouvements sont parfaitement étrangers à
son influence.

A la Ire armée, le commandement était confié
à son A. R. le prince Alexandre, jeune homme
de 25 ans qui produisait la meilleure impression :
« C'est un jeune homme », disait-on avec un ho-
chement de la tête et un peu de scepticisme. Reste
à savoir si un jeune homme, même inexpéri-
menté, mais qui paraît avoir de la trempe comme
celui-là, ne vaut pas infiniment mieux que de
vieux généraux dans le genre de ceux qui lui servaient d'occasionnels mentors. Le prince Alexandre m'a toujours paru doué d'excellentes qualités,
vif, alerte, intelligent, primesautier, d'un assi-
duité au travail remarquable, il faisait, dans
la conversation, preuve d'une maturité de jugement suprenante et certainement peu commune
à son âge.

Les autres officiers de son état-major étaient
très suffisants. Le sous-chef d'état-major, le co-

lonel Pechitch, avec qui j'ai pu m'entretenir assez fréquemment, était un homme très consciencieux, très travailleur, mais assez timoré dans ses jugements et ses décisions. Je ne sais pour quelle cause, il s'inquiétait toujours de ce que je pouvais penser de ce que la Ire armée faisait, ou mieux ne faisait pas. Il dépêchait continuellement vers moi l'un de ses adjoints qui était précisément mon camarade de promotion d'école de guerre avec mission de m'expliquer le pourquoi de la présente inaction... les critiques que jadis j'avais émises sur la lenteur inconcevable des Bulgares après Lule-Bourgas lui revenaient à l'esprit et il en craignait de pareilles, hélas! autant, sinon plus méritées.

Quant aux deux officiers dont j'ai cité les noms tout à l'heure, les capitaines Marinkowitch et Stoïanowitch qui eurent l'honneur d'appartenir à la 36e promotion de l'Ecole de guerre, ils se retrouvaient bien tels que je les avais connus à Paris, studieux, appliqués, consciencieux, donnant à tous une excellente impression, non seulement par les qualités très réelles que chacun possédait, mais aussi par la solidité de leur instruction militaire et le bon sens dont elle semblait empreinte.

Le commandant de la IIIe armée, le général Boyan-Yankowitch a paru presque constamment au-dessous de sa tâche et ceci dès la première heure. A Istip, son armée refoulée par l'offensive bulgare ne parvint, à aucun moment, à se tirer d'affaire toute seule. C'est encore elle qui réussit si brillamment à perdre le contact de l'ennemi en pleine bataille de la Bregalnitza. C'est elle qui, pendant treize jours, demeura hésitante devant le Tchouka-Golek attendant qu'un ordre énergique d'offensive lui fût donné pour agir.

Et cependant, malgré ces défauts nombreux, l'armée serbe et ses chefs ont fait preuve, non seulement d'une endurance au-dessus de tout éloge, mais même d'une force, d'une capacité offensive redoutable, indiscutable, d'une supériorité réelle sur l'armée bulgare pourtant si vantée. Ceci parce que les Serbes ne sont pas comme les Bulgares des élèves, ils savent créer quelque chose, avoir, en un mot, une idée, ce qui a paru le plus souvent faire complètement défaut à leurs adversaires pendant le cours de cette deuxième guerre des Balkans.

Lorsque, l'année passée, j'écrivais, dès le mois de décembre, cette phrase : « Les Bulgares ne sont que des élèves et peut-être même pas toujours de très bons élèves », ce fut un tolle général contre moi, non seulement en Bulgarie, mais même en France où l'on m'en voulait quelque peu d'abîmer l'espèce d'auréole de gloire que, naïvement, la presse entière avait jetée tout autour de la nation victorieuse. Malheureusement, je parlais sur des faits vus et confirmés, aussi avais-je la légitime prétention d'avoir quelques raisons de m'exprimer ainsi. La suite des événements a bien prouvé que ce qui pouvait paraître douteux alors, ce qui semblait pire qu'un paradoxe, un blasphème même, est devenu depuis vérité d'Evangile.

Il est effectivement assez impossible d'imaginer chose plus folle que la dispersion initiale des Bulgares au début de la deuxième guerre balkanique, chose plus sage, par contre, que la concentration des Serbes au point évidemment le plus critique, étant donnée la situation générale de leurs ennemis. Je n'ai point ici à revenir sur la critique détaillée des opérations, critique que j'ai déjà faite en les étudiant au cours des différents chapitres précédents. Tout en me bornant à regretter l'arrêt subit de toute idée d'offensive après que la conversion le long de la frontière eût été achevée, je reconnais volontiers cependant que la solution moyenne adoptée par le commandement serbe se défend en tant qu'elle obéit au sentiment généralement le plus sage d'aller à la bataille toutes forces réunies. Mais pendant ce temps, l'on sait quel sacrifice inutile de vies humaines il fallut consentir, quels efforts vains il fallut encore fournir et ceci sans autre but que d'attendre... attendre les Grecs ou l'armistice.

Ce fut celui-ci qui arriva, en même temps que ceux-là entraient en ligne à hauteur de Djoumaja.

Pour inutiles qu'ils furent, ces combats présentent, à mon modeste avis, un intérêt tactique considérable et j'y ai pu maintes fois étudier l'emploi que les Serbes faisaient de leurs différentes armes.

L'infanterie, vigoureuse, résistante, bien entraînée, est certainement de toutes ses pareilles entrevues dans les Balkans la plus au point, la plus apte à la guerre que j'aie jamais rencontrée. Sobre et rustique, d'une résistance à la fatigue et aux privations absolument merveilleuse, elle est ainsi que je le disais déjà plus fine, plus manœuvrière, que l'infanterie bulgare. L'emploi des feux y est sagement conduit. Pendant les longues heures passées dans les tranchées où de part et d'autre à 800, 1.000 mètres, l'on échangeait des coups de fusil, c'est à peine si chaque homme brûlait un ou deux chargeurs visant à chaque fois avec calme et sans hâte, désireux de réaliser un touché à chaque coup de feu envoyé.

Le manque de nervosité des hommes, leur placidité et leur bel aplomb permettaient, pendant les attaques, de ne pas tirer du tout, ce que je ne puis m'empêcher de considérer comme très avantageux, car en définitive, une infanterie attaque et elle marche, ou elle tire et ne marche pas, donc n'attaque pas. L'aide du feu n'est qu'un secours moral, avoué par les règlements et donné à la peur ou au désarroi qui règne inévitablement sur la chaîne de tirailleurs. Tout ce que je puis affirmer à ce sujet, c'est que la ligne dite de feu chez les Serbes restait fréquemment silencieuse et qu'en général dans les attaques, l'action à coups de fusil ne s'engageait que lorsque l'on était relativement près, c'est-à-dire vers 5 ou 600 mètres. La dotation de cartouches étant de 150 par homme, l'on pouvait peut-être estimer qu'elle suffisait, cependant prévoyant sans doute certaines difficultés de ravitaillement, chaque occasion était bonne de surcharger les fantassins d'un supplément prélevé sur les voitures de munitions.

Cette infanterie, très apte à la marche, l'était également aux travaux de toute sorte et en particulier aux travaux de campagne. C'étaient de véritables forteresses en miniature que les tranchées et les ouvrages d'infanterie des Serbes, où plus d'une fois, j'ai pu apprécier l'ingéniosité de leurs dispositions lorsque quelque shrapnell mal avisé venait éclater un peu trop près, ou qu'une violente pluie d'orage, très fréquente pendant ce bizarre mois de juillet, tombait sur le terrain des engagements transformant tout en océan de boue.

Quant à l'exécution même de la progression sous le feu voici ce qui m'a semblé être, en général, la constante mesure adoptée : l'on marchait par bonds de section, faisant en somme, mais ceci seulement dans l'unité et non dans l'ensemble de la masse, de la densité. Les bonds avaient lieu quelquefois de nuit, mais en somme plus rarement que pendant la précédente campagne

Ce qui préoccupait au plus haut degré les fantassins, c'était l'appui nécessaire de leur artillerie et l'utilisation spontanée, automatique de chaque salve de celle-ci sur l'objectif ennemi pour s'en approcher davantage par un bond nouveau. Il y avait là un accord des armes parfaitement réalisé.

Mais ce qui manquait dans les attaques d'infanterie, vues alors du point de vue d'ensemble, c'était précisément cette masse, cette densité que l'on réalisait dans les sections et les compagnies se portant en avant; j'ai déjà dit à quelle extension ridicule des fronts l'on était arrivé, n'atteignant pour ainsi dire jamais trois hommes au mètre courant, ce qui nonobstant le pays de montagnes et l'absence d'idée nette d'offensive est cependant infiniment trop peu. Pas de réserve, pas d'élément en seconde ligne, capables de nourrir le combat ou d'orienter une manœuvre.

Les observations que j'ai pu recueillir au sujet de l'artillerie se résument en ceci : 1° jamais je n'ai vu une artillerie essayant de neutraliser ou même de détruire une artillerie adverse, quelle que fût la situation de cette dernière, y réussir; 2° chaque fois que l'artillerie, négligeant absolumènt l'artillerie adverse, s'adressait à l'objectif immédiat d'infanterie (tranchées) que sà propre infanterie attaquait, l'effort combiné des deux armes procurait infailliblement le succès.

Je ne prétends point tirer une loi générale de ces observations qui, bien que concordantes avec celles que j'ai faites à Tchataldja du côté bulgare, à Hadem-Keuï du côté turc, n'en sont pas moins que des observations, c'est-à-dire des cas particuliers. La raison en est tout d'abord dans le mauvais emploi que les artilleurs serbes faisaient de leurs pièces. J'ai déjà expliqué comment il se faisait que, réglant convenablement leur tir, ils en restaient là, n'osant pas, ou ne voulant pas exécuter le moindre tir d'efficacité et se bornant à l'envoi de salves continuelles arrivant successivement au but de deux en deux minutes environ. Les Bulgares d'ailleurs agissaient de façon identique, réglant assez bien, n'agissant que par cette sorte de tir de bombardement assez inoffensif, ignorant en résumé le véritable « emploi des feux ». Pour tirer donc quelques conclusions pratiques de ce que j'ai vu et en tenant compte de la virtuosité certainement beaucoup plus considérable de nos artilleurs, je crois qu'il est possible de formuler les trois remarques suivantes :

1° Une artillerie en situation défilée, même visible par ses lueurs est à peu près impossible à atteindre;

2° En conséquence, l'artillerie dans cette situation doit négliger l'artillerie ennemie qui la contrebat et ne s'intéresser qu'aux objectifs qui nuisent à la progression de sa propre infanterie, ces objectifs pouvant être de l'artillerie aussi bien que de l'infanterie;

3° D'autre part, la situation d'une artillerie défilée pourrait entraîner celle-ci à une prudence trop grande et notamment à l'empêcher d'accompagner son infanterie jusque sur la ligne de tirailleurs, comme c'est quelquefois nécessaire pour mieux briser la résistance de l'objectif attaqué par l'infanterie. Il faut donc savoir et vouloir s'exposer en prenant soin de conserver dans ce cas une fraction d'artillerie disponible, autant que possible en position masquée, prête à intervenir contre toute artillerie qui prendrait à partie l'artillerie accompagnant ou soutenant la chaîne.

Ces idées absolument personnelles sont évidemment sujettes à la critique. Elles reposent cependant sur des faits de guerre et sur la constatation des cas observés pendant les trois campagnes de l'année, dans trois armées différentes.

L'utilisation des obusiers m'a permis également de faire les remarques suivantes : Tout d'abord, l'efficacité des obusiers de 120 $^m/_m$ est infiniment moindre que celle que de prime abord l'on pourrait croire, à tel point même que l'on arrivait très difficilement, pour ne pas dire du tout, à démêler sous le feu ennemi si c'étaient des obus de 75 $^m/_m$ ou de 120 $^m/_m$ qui arrivaient sur nous. Cependant si l'efficacité chez l'ennemi est moindre que ce que l'on s'imagine, je pense que la sécurité morale, l'influence exercée sur les troupes amies, de pièces d'un calibre supérieur, est une raison suffisante pour en posséder. La confiance est une chose à laquelle il faut sacrifier, pour l'assurer aux siens, bien des efforts en apparence inutiles; un effort d'argent est l'un des moindres et je pense qu'il vaut mieux ne point reculer là-devant, si c'est la seule raison qui nous arrête en France.

L'on pourrait donc croire, *a priori*, que, pour cette seule raison morale, je conclurais à l'adoption d'obusiers de campagne. Il n'en est rien : en effet, voici les Serbes qui opéraient en pays de montagne, de grande montagne même, et cependant jamais ou presque jamais ils n'ont utilisé leurs pièces pour exécuter du tir courbe. Ils plaçaient leurs obusiers presque toujours en crête comme de simples batteries de campagne et s'en servaient uniquement comme pièces portant plus loin que le 75. Je ne veux point dire que jamais l'on aura l'occasion d'exécuter un tir courbe, mais celui-ci sera fort rare. D'autre part, il se trouvait fréquemment que le combat d'infanterie se poursuivait trop loin de la dernière position d'artillerie possible pour permettre à cette dernière d'y coopérer efficacement. Il fallait alors avoir recours aux obusiers, dont la portée était plus considérable, ou alors porter franchement des batteries de campagne sur la ligne de feu, ce qui n'était pas toujours possible. En d'autres termes, la nécessité d'avoir un canon portant loin s'imposait et c'est uniquement pour cela que les Serbes aimaient tant leurs obusiers.

Or, en France, où la récente invention du capitaine Malandrin permet d'exécuter le tir courbe avec le vulgaire canon de campagne, la nécessité de l'obusier disparaît, mais celle d'un canon au calibre supérieur à 75 $^m/_m$ avoisinant 105 ou 120 $^m/_m$

et pouvant tirer loin, demeure entière pour la double raison matérielle et morale que je viens d'exposer plus haut.

C'est donc au canon long semblable à celui expérimenté au cours des manœuvres du Centre, l'année dernière, qu'il importe de s'en tenir. La proportion d'un groupe de trois batteries de quatre pièces par corps d'armée à ajouter aux quatre groupes de l'artillerie de corps semblerait assez s'imposer.

L'adoption d'une pareille pièce présente évidemment un danger, c'est que nos artilleurs ne s'habituent à tirer de loin, toujours de très loin, alors qu'il demeure évident que plus que jamais l'artillerie doit être audacieuse, au point même de ne pas hésiter à s'exposer avec son matériel en situation découverte, s'il le faut, très près de l'in fanterie ennemie pour apporter sur la ligne de tirailleurs l'appoint matériel et moral de la puissance de ses feux.

Le canon long de fort calibre ne sera jamais qu'un auxiliaire tout à fait éventuel... moral par le poids de ses projectiles, supposés, à tort ou à raison, produire d'importants effets de destruction sur l'ennemi... matériel quand la distance entre « deux bonds d'artillerie » exigera une hausse supérieure à celle communément usitée avec le canon de campagne ordinaire.

La cavalerie serbe mérite également d'être mentionnée : constituant une division de quatre régiments, sous le commandement du prince Arsène Karageorgewitch, elle a paru jouer un certain rôle pendant la bataille de la Bregalnitza, intervenant avec à-propos dans la bataille et se lançant hardiment à la poursuite de l'ennemi vers Radovitsa. Mais, en définitive, la difficulté de manœuvrer dans un pays de montagne, l'impossibilité de joindre la cavalerie bulgare qui d'ailleurs existait peu ou prou, enlève de l'intérêt à l'emploi de cette arme. En tirer une conclusion applicable à notre mode d'action habituel serait une erreur, aussi je m'élève avec force, n'étant pour une fois absolument pas d'accord avec lui, contre l'opinion émise dans le *Temps*, par Réginald Kann : Cette opinion tend à tirer des conclusions cavalières de la guerre des Balkans, conduisant a la suppression de nos régiments de cuirassiers Rien n'est plus loin de mon avis que de vouloir déduire l'inutilité de cette subdivision d'arme sous le vain prétexte que jamais, dans la guerre des Balkans, la cavalerie n'a agi autrement que par son feu et point du tout par le choc. A dire vrai, dans les Balkans, il n'y a jamais eu de cavalerie; encore moins de rencontre entre grosses unités de cette arme. La situation est bien différente en France et en Allemagne. Tout d'abord, il y aura certainement rencontre à cheval des cavaleries adverses étant donné leur nombre respectif et l'on sait le poids que peut jouer, en pareil cas, la brigade de cuirassiers d'une de nos divisions lourdes dans une mêlée. Gardons nos cuirasses, armure en quelque sorte symbolique, garantie morale et matérielle de la victoire lorsque l'ouragan des escadrons allemands se jettera sur nous avec la prétention de nous balayer.

J'ai dit également tout le bien que m'inspiraient les travaux considérables exécutés par le génie serbe, de même que la relative facilité avec laquelle fonctionna le service de l'intendance et du ravitaillement et enfin de la conscience que le service sanitaire appliqua, non seulement à l'évacuation, mais aussi aux soins des blessés et des cholériques. Telle que, avec ses défauts et ses belles qualités, l'armée serbe m'est apparue comme très supérieure à toutes celles que j'ai eu

Le roi CAROL et le prince FERDINAND (généralissime) en tournée d'inspection.

Lieutenant-aviateur de réserve Carsa à côté du médaillon du monument Gourko, au col de Araba-Konak.
Sur le monument est inscrit au ciseau : « Ici la 2ᵉ section d'aviation roumaine a passé les Balkans ».

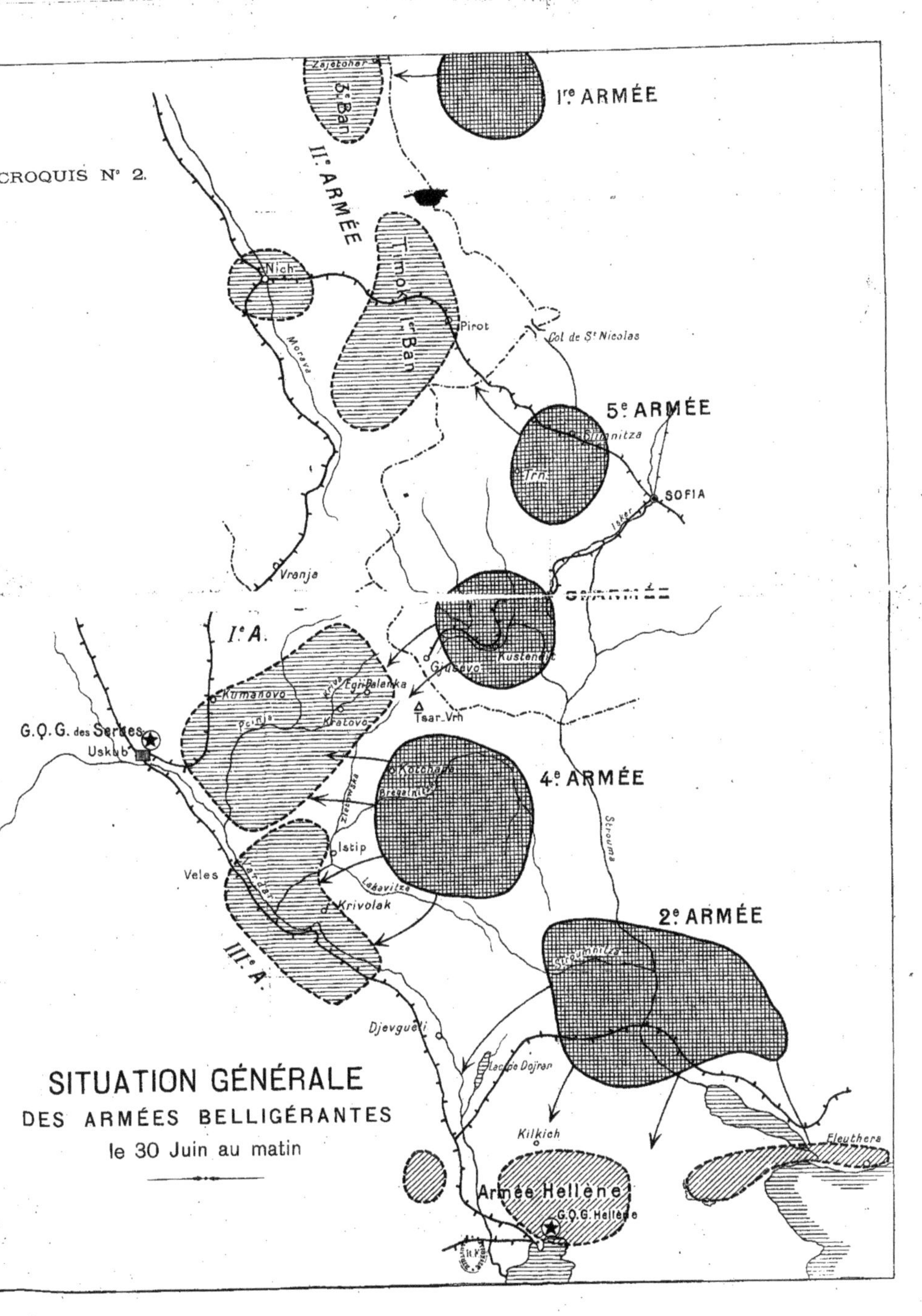

CROQUIS N° 2.
Zajetchar
3e Ban
II. ARMÉE
Nich
Timok Ier Ban
Pirot
Col de St Nicolas
Morava
5e ARMÉE
Slignitza
Trn
SOFIA
Isker
Vranja
6e ARMÉE
Guéchevo
Kustendil
I. A.
Kumanovo
Egri-Palanka
Ponja
Kratovo
Tsar-Vrh
G.Q.G. des Serbes
Uskub
Zletovska
Katchana
Bregalnitza
4e ARMÉE
Strouma
Veles
Istip
Vardar
Lakavitza
Krivolak
III. A.
Stroumitza
2e ARMÉE
Djevgueli
Lac de Dojran
SITUATION GÉNÉRALE
DES ARMÉES BELLIGÉRANTES
le 30 Juin au matin
Kilkich
Fleuthera
Armée Hellène
G.Q.G. Hellène
Ire ARMÉE

l'occasion de voir manœuvrer et combattre au cours de dix mois ininterrompus de guerre dans la péninsule balkanique.

L'armée serbe est la plus rassise, la plus homogène, la plus immédiatement complète au sens absolu du mot, que j'aie rencontrée. L'équilibre entre la troupe et le cadre d'officiers lui assure une très grande supériorité sur d'autres armées, telle que l'armée turque, par exemple, où pareil état de choses est absolument inconnu. Si dans l'armée bulgare l'officier se trouve également près de la troupe, du moins l'ensemble est-il infiniment moins souple, moins intelligent, moins apte à la manœuvre que chez les Serbes. La rusticité et l'endurance au mal, à la souffrance sont égales chez les uns et chez les autres; elles sont évidemment moindres chez les Turcs amollis et dégénérés, qui n'ont plus rien, hélas! des guerriers jadis si fameux qui firent trembler l'Orient et coururent jusqu'à Vienne en ébranler par deux fois les murailles. Le soldat roumain est, par contre, assez dur, assez résistant aux privations et aux fatigues. Il a fait preuve d'une belle endurance pendant les marches énormes qu'il a dû fournir. Le Valaque, plus encore que le Moldave, a l'étoffe d'un très bon soldat accoutumé aux rigueurs du chaud et du froid par la pénible existence des plateaux Danubiens, où attaché à la glèbe, inlassablement il vit une existence rurale et fortifiante. Le plus grave défaut de l'armée roumaine est évidemment son manque d'équilibre social. L'armée, vivante image de la nation, est composée de serfs, d'ilotes d'une part, de nobles et de grands seigneurs d'autre part.... En 1913, à l'aube du xxᵉ siècle, dans un pays qui représente la civilisation la plus pure en Orient, un pays qui se défend même d'être balkanique, comme si ce mot fût synonyme de barbare, il est un peu dur, un peu stupéfiant de voir pareille chose. Les graves difficultés du passé, la nécessité d'une plus grande équité dans la répartition des biens, le vote urgent des lois agraires apporteront peut-être la solution d'un état de fait qui sans cela conduirait la Roumanie à une très sanglante révolution si l'on n'y obviait.

Les questions matérielles dans les armées balkaniques ont été résolues de diverses façons et sont, en général, fonctions de la richesse des Etats. Celui qui, dans cet ordre d'idées, paraît le mieux muni est aussi celui dont les finances sont

les plus prospères, c'est la Roumanie. L'on a une
impression assez naturelle de satisfaction lorsque,
quittant les guerriers serbes aux mœurs et aux
habitudes frugales, à la vie dure, l'on pénètre
au milieu de l'armée roumaine où tous les moyens
mécaniques possibles, les agencements les plus in-
génieux sont mis en œuvre pour l'augmentation
du bien-être de la troupe et aussi de la puissance
du matériel. Il faut évidemment réagir : s'il n'apparaît point que l'augmentation du bien-être nécessaire cependant avec les armées modernes, soit
à tout prendre une qualité, nous y sommes fatale-
ment conduits pourtant dans tous les pays d'Europe, en raison de la composition de nos armées
actuelles. Quant à l'augmentation de puissance
du matériel, il n'est pas douteux que c'est toujours un bien qu'il faut rechercher, moins évidemment que celle du moral des hommes, mais
indispensable cependant. En Serbie, cette recher-
che de perfectionnement des moyens matériels
fut également poussée fort loin, c'est ainsi que l'ar-
mement y était certes mieux réussi que partout
ailleurs; représenté par le fusil Mauser tirant un
chargeur de cinq cartouches à balles S et le canon
de 75 $^{m}/_{m}$ à tir rapide Schneider modèle 1907, il

était très supérieur aux armements similaires des autres pays. En Bulgarie, les ressources minimes d'un budget précaire, en Turquie, les gaspillages, les pots-de-vin et les « bakchich » sans nombre n'avaient pas permis d'atteindre un degré de perfectionnement aussi avancé.

Mais où la véritable supériorité entre les diverses nations qui se firent ainsi la guerre si longtemps, aurait dû véritablement éclater, c'est dans ce qui devait en résumer l'essence morale la plus haute, je veux dire le commandement. Or, si l'on excepte la Roumanie qui d'ailleurs n'a pas combattu et dont le commandement a paru se montrer d'une honnête moyenne à peu près constante, ou bien les Turcs dont l'effroyable incurie, le manque non seulement d'esprit offensif, mais je dirai même d'esprit militaire, d'absence totale de bon sens, place le commandement au dernier rang, plus bas même que notre commandement de 1870, il n'apparaît pas dans une comparaison entre Bulgares et Serbes et bien que ceux-ci aient vaincu ceux-là, une réelle supériorité très nettement établie. Chez les Serbes tout fut moyen, le commandement, les états-majors, l'exécution fut moyenne, les solutions prises moyennes... et toutes ces moyennes firent dans l'ensemble une assez bonne note. Au rebours de ce que j'écrivais sur les Bulgares, je pourrais dire que les Serbes sont de bons élèves et même mieux que des élèves car ils savent créer à leur tour et ils possèdent une personnalité. Mais cependant aussi déplorable que puisse paraître la conduite des opérations du côté bulgare, où le général Savof et ses auxiliaires paraissent avoir fait preuve d'un manque de bon sens qui frise la folie furieuse, je crois pouvoir faire une exception pour l'homme auprès duquel je vécus jadis, le vainqueur de Kirk-Kilissé et de Lule-Bourgas, le général Dimitrief.

Lorsqu'il prit le commandement suprême à la suite du général Savof, c'est lui qui, sentant le danger de la lutte au sud des frontières, ramena immédiatement vers le nord toutes ses divisions éparses, effectuant ainsi véritablement une concentration. C'est encore lui qui, profitant de l'inaction des Serbes du côté d'Egri-Palanka, massa ses forces sur sa gauche, arrêtant et mettant même en péril l'armée hellène tout entière. Malgré ses défauts, malgré sa précipitation, au milieu de ses défaites, comme jadis au milieu de

ses victoires, Radko-Dimitrief est véritablement
un général et un chef.

Il fut vaincu cependant, peut-être plus par les
fautes accumulées de son gouvernement que par
le sort des armes et c'est en effet là que gît l'explication la plus nette de cet acte inouï, insensé que
fut l'agression bulgare....

La paix signée à Bucarest, le 10 août, départage
d'une façon qui semble équitable les territoires
acquis contre les anciens alliés. La Bulgarie qui,
un moment, avait pu penser rétablir à son profit
l'empire antique de Byzance se trouve réduite d'une
manière assez sévère à une acquisition douteuse
de territoires mi-hellènes, mi-turcs, voire même
quelquefois bulgares, qui se vident devant leurs
nouveaux maîtres, les redoutables massacreurs de
Macédoine et de Thrace. L'on crie bien à Sofia
que ceci n'est que pour un temps, que la revanche viendra. Rodomontades que tout cela, du
moins pour de longues années. La Bulgarie épuisée, affaissée, est incapable d'un effort d'ici fort
longtemps. Ses voisins ne la craignent plus, le
charme est rompu. Les Japonais, les Prussiens des
Balkans ont été vaincus... Aujourd'hui sentant
l'inanité de ses efforts, elle s'incline même devant

Les mitrailleuses du 4º régiment de roshiori.

Le grand pont de Turnu-Magurele sur le Danube.

Exercice d'artillerie roumaine.

La 1re division de cavalerie roumaine pendant le service religieux
de Berkovitza.

le Turc et elle consent à des négociations directes
d'où il ressort bien qu'Andrinople, Odrin, tant
convoitée, pour qui l'on consentit tant de san-
glants sacrifices, ne lui appartiendra plus désormais.

Le joug détestable de la Bulgarie n'aura duré
qu'un temps fort court, mais marqué cependant
dans tous les cœurs qui le subirent, d'une trace
sanglante et d'un vieux levain de vengeance que
la victoire n'a point assouvi.

Cependant que ce pays abandonnant notre
cause en courant se jeter dans les bras de l'Autriche expie cruellement son erreur et tente de
revenir à la Russie, sa protectrice née, j'imagine
volontiers que la politique française n'a que faire
de s'y intéresser davantage. La seule chose qui
puisse compter pour nous, c'est l'Alsace-Lorraine
et quand je dis ce mot je veux synthétiser l'éter-
nelle lutte qui se poursuit de par le monde entre
la civilisation gallo-romaine et le germanisme. Or,
dans le conflit futur, il apparaît bien, en présence
d'une Autriche ébranlée, qu'une coalition balkanique où la Serbie et la Roumanie tiendraient,
en revendiquant leurs nationaux hongrois, la
première place, serait un appoint sérieux, anni-

hilant, ou presque, toutes les forces de la Double-Monarchie.

La Serbie et la Roumanie alliées deviennent, dans la péninsule, avec l'appui des Grecs, le bloc réel, la puissance balkanique définitive, infiniment plus solide sans doute que la précédente où Serbes et Bulgares, Bulgares et Grecs ne pouvaient s'entendre. Ici, les aspirations sont diverses entre les futurs alliés et par suite ne se contrariant pas leurs intérêts s'accordent. La Roumanie vise à la Transylvanie, la Serbie à la Bosnie et à la Croatie, la Grèce... à Constantinople, ou du moins à la suprématie de l'Egée.

Que peuvent devenir les Bulgares au milieu de tout ceci? Ils paraissent évidemment prendre la place que la Turquie, rejetée sur l'Asie a laissé vacante. Pour nous, ils deviennent assurément l'ennemi, malgré les tentatives de retour à la Russie.

De ce côté, d'ailleurs, ils n'ont pas été sans causer de graves embarras à la diplomatie des puissances de la Triple-Entente. Certaines divergences devaient nécessairement se produire sur ces terrains brûlants où tant d'intérêts essentiels se coudoient et se heurtent. Il n'est besoin que de rappeler comment fut solutionnée la question de Cavalla pour sentir avec toute l'acuité désirable de quelle façon les Bulgares ont pu et peuvent encore être une gêne et un fardeau dans nos relations avec la Russie. Il serait évidemment fâcheux que la tendance de certains esprits à généraliser l'emportât sur le bon sens et la froide raison. N'est-ce pas déjà trop que l'on puisse ouvertement entendre dire que le mal n'en serait pas grand et que, depuis beaucoup trop longtemps, nous sacrifions nos intérêts séculaires en Orient à la vague assurance d'une coopération militaire improbable le jour où nous devrions en découdre avec les Allemands. Il semble bien en l'état actuel de l'armée et du pays, ajoute-t-on, que nous n'ayons guère besoin des corps d'armée russes pour vaincre l'ennemi héréditaire, tandis qu'il est fort important pour nous qu'à Constantinople et dans les Echelles du Levant, on continue à parler français et non bulgare ou russe, voire même allemand.

Tout ceci comporte une part d'exagération évidente : nous devons faire plus de crédit à notre alliée dont la fidélité ne saurait être mise en cause, tout en continuant cependant à maintenir avec fermeté nos droits séculaires en Orient. Il est bon de rappeler aussi à ceux qui, de parti pris, dénigrent l'alliance russe qu'entre les droits *essentiels* de la France et les intérêts *essentiels* de la Russie parlant au nom des Slaves il est une marge, un blanc, où toute facilité demeure pour permettre à nos chancelleries de conclure un accord.

Dans l'abaissement mérité des Bulgares nous ne devons voir qu'un sujet de réflexion... contraste, opposition dans les termes les plus saisissants de la grandeur et de l'abaissement où ils se sont vus successivement conduits par leur courage viril, puis leur excès d'orgueil.

Leur folie est expiée. Mais ce fut bien réellement une folie que cette attaque injuste et brutale du 3o juin, une folie qui coûta la couronne de l'ancien empire d'Orient, ou peu s'en faut, au tzar Ferdinand.

« *Quos vult perdere, Jupiter dementat.* »

Lunéville, le 1ᵉʳ septembre 1913.

ALAIN DE PENENNRUN.

TABLE DES MATIÈRES

CHAPITRE V
Egri-Palanka

CHAPITRE VI
L'armistice

CHAPITRE VII
L'armée roumaine

CHAPITRE VIII
Conclusion

Marc Imhaus et René Chapelot, imprimeurs, Nancy et Paris